# A ARTE DA CONTEMPLAÇÃO

Um suave caminho à plenitude e prosperidade

Richard Rudd

*Título original em inglês*
THE ART OF CONTEMPLATION
Gentle path to wholeness and prosperity

Copyright© Richard Rudd 2018

Publicado na Grã-Bretanha e nos Estados Unidos em 2018
por Gene Keys Publishing Ltd

*Tradução e edição*: Nana Sophia
*Preparação de texto*: Elissa Daher
*Revisão:* Tatiana Amaral e Sylvia Beatrix
*Diagramação:* Guilherme Fagundes
*Adaptação de capa:* Paulo Moran



**Dados Internacionais de Catalogação na Publicação (CIP)**
**(Câmara Brasileira do Livro, SP, Brasil)**

---

Rudd, Richard
    A arte da contemplação : um suave caminho à plenitude e prosperidade / Richard Rudd ; tradução Nana Sophia. -- 1. ed. -- São Paulo : Nana Sophia, 2023.

    Título original: The art of contemplation.

    ISBN 978-65-998118-0-7

    1. Autoconhecimento   2. Contemplação   3. Espiritualidade
    4. Filosofia de vida   5. Meditação   6. Mistérios
I. Sophia, Nana. II. Título.

---

23-153831                                       CDD-133

Índices para catálogo sistemático:
1. Contemplação : Filosofia  128

Henrique Ribeiro Soares - Bibliotecário - CRB-8/9314

Direitos exclusivos de publicação e distribuição na língua portuguesa:

Editora Nana Sophia
São Paulo - SP - Brasil
conexao@chavesgene.com
www.chavesgene.com

# CONTEÚDO

Richard Rudd é um professor espiritual, escritor e poeta premiado internacionalmente. Sua jornada mística começou na juventude, quando vivenciou um estado de iluminação espiritual durante três dias e três noites por volta dos vinte anos de idade que mudou toda sua vida. Esse evento catalisou uma extensa busca espiritual ao redor do mundo. Todos os seus estudos foram sintetizados em 2002, quando começou a escrever os ensinamentos das Chaves-Gene – uma vasta síntese que explora as possibilidades milagrosas inerentes ao DNA humano. O livro precisou de sete anos para ser escrito, bem como para que seus ensinamentos fossem entendidos e corporificados. Hoje, Richard continua a expandir e corporificar a sabedoria que recebeu, compartilhando-a com um público cada vez maior ao redor do mundo, aplicando as Chaves-Gene em diversos campos, do prático ao místico.

# APRESENTAÇÃO



Desde o momento em que nascemos, a nossa vida começa a traçar um arco misterioso sob o céu azul da existência. Por causa disso, cada um de nós vem ao mundo com um profundo sentimento de que estamos aqui para fazer algo especial na vida.

O objetivo deste livro é ajudá-lo a encontrar, seguir e cumprir o verdadeiro arco da sua vida e, assim, completar o círculo que você começou a desenhar quando nasceu.

Seja qual for a fase da vida que estiver atravessando atualmente, se está descansando em um torvelinho tranquilo do rio, ou se você se sente imerso ou até mesmo sobrecarregado pela cascata apressada da vida, este pequeno livro oferece uma tábua de salvação. À medida que você vai absorvendo o simples e atemporal ensinamento que vive dentro dele, a sua vida vai começar a evoluir gradualmente. No início, poderá ser um pouco dolorido, quando começar a ver com clareza cristalina que é você mesmo quem tem atravancado por tanto tempo o seu próprio caminho. Mas logo, ao acompanhar os fios de entendimento que afloram em você e aplicá-los à sua vida, muitas dificuldades irão evaporar, e você vai se perceber vivendo de uma nova maneira e habitando um novo mundo.

Alguns de nós leram muitos livros ao longo da vida, outros, apenas uns poucos. Pode-se dizer que existem somente três tipos de livros no mundo. Temos aqueles que nos divertem ou inspiram. Temos os que nos informam e educam. E, finalmente, existem aqueles livros que tocam a nossa alma. Destes, alguns poucos também podem incluir um ou ambos os anteriores. Mas esses livros são raros e aparecem poucas vezes na vida.

O verdadeiro poder de um livro é a sua capacidade de adentrar o nosso coração e nos modificar para sempre. A Arte da Contemplação tem a intenção de ser um livro assim. Este é o início de uma jornada que poderá acompanhá-lo por muitos anos. Uma jornada que conduz você ao seu interior, embora também afete a sua vida exterior de maneiras benéficas e misteriosas. Isso ocorre porque a nossa vida no mundo exterior flui das raízes da nossa vida interior – a forma como pensamos, o que sentimos e no que escolhemos acreditar.

Antes de iniciar essa jornada contínua pela paisagem interna da sua vida, você vai precisar de uma coisa muito importante: suavidade. Como irá aprender, a Arte da Contemplação é um caminho suave e, quando você semeia as sementes dessa suavidade pelos vários cantos da sua vida, em pouco tempo, maravilhas de todo tipo começarão a florescer e se multiplicar ao seu redor.

Desejo a você tudo de bom na sua jornada.


Richard Rudd

# INTRODUÇÃO



O que *é* contemplação? Eu espero que, quando chegar ao final deste livro, você tenha encontrado uma resposta clara para essa pergunta. A resposta, no entanto, não virá só do conhecimento ou da leitura. Talvez você imagine que a contemplação é um tipo de reflexão profunda, o que costuma ser a compreensão mais ocidental da palavra. No entanto, a verdadeira natureza da contemplação é um mistério. O verdadeiro propósito do caminho contemplativo é voltar as suas energias para dentro de si mesmo, transformando a sua vida em um experimento centrífugo, para que você possa primeiro descobrir, e só depois acolher o seu verdadeiro propósito superior.

A mente científica moderna nem sempre fica confortável com o conceito de *mistério*. O objetivo da ciência é desvendar os muitos mistérios da vida e buscar entender como as coisas funcionam. Mas existem certos assuntos que poderão permanecer para sempre fora do alcance da ciência. A própria consciência é um mistério. Embora possamos um dia chegar a entender como ela funciona, sua verdadeira profundidade está além do domínio da compreensão objetiva. Para saber o que realmente somos, teremos que transcender a própria mente. Este é o propósito da Arte da Contemplação.

A contemplação é uma *arte,* e por ser uma arte, é algo que podemos aprender. No entanto, às vezes um intelecto afiado e poderoso pode ser um empecilho no aprendizado dessa arte tão simples. Paradoxalmente, para muitos de nós, a contemplação começa como uma forma de *desaprendizado*, à medida que paramos de confiar tanto no nosso intelecto e abrimos novas vias de percepção dentro de nós.

Neste livro, você será apresentado a três técnicas simples que incentivam o espírito da contemplação a crescer na sua vida. É preciso reforçar que essas técnicas são apenas referências para auxiliá-lo no início da jornada. Quando encontramos nosso verdadeiro ritmo interior, nós nos tornamos naturalmente pessoas contemplativas. Nós respiramos mais fundo, damos tempo para as coisas e acessamos uma sabedoria universal que pode nos ajudar a entender qualquer coisa que apareça no nosso caminho.

Um dos dilemas para se escrever um livro sobre contemplação é que não é possível usar técnicas para acessar um mistério de forma direta, e o mundo moderno é um pouco obcecado por técnicas. A boa notícia é que a contemplação pode começar como uma simples prática, que poderá ser transformada em hábito ao longo do tempo. Em um âmbito bem mais profundo, a contemplação se torna parte de nós, e quando isso acontece, as técnicas simplesmente deixam de ser necessárias e toda a nossa vida se transforma.

## A Diferença entre Contemplação, Meditação e Atenção Plena

Muitos de nós já ouvimos falar sobre a prática da atenção plena, ou *mindfulness*, e também já ouvimos falar de meditação. Você pode até ter praticado uma ou ambas as técnicas. Se você já possui uma prática meditativa, ela não vai entrar em conflito com a Arte da Contemplação. Na verdade, você pode ver a contemplação como um termo muito amplo que pode abarcar outras práticas, como a atenção plena, por exemplo. Assim, ao aprender a contemplar, você também aprofunda simultaneamente qualquer outra prática que esteja fazendo. Se fizer yoga, por exemplo, a contemplação vai proporcionar mais foco interno, ajudando a integrar a prática ainda mais no seu dia a dia. Se você não faz nenhum exercício voltado para a vida interior, ou tem pouca ou nenhuma experiência nessas coisas, isso também não é nenhum problema. A contemplação é muito generosa, podendo incluir e dispensar o que for preciso para alcançar seu principal objetivo – levar você a um estado de profundo equilíbrio.

A principal diferença entre contemplação e atenção plena ou meditação é que a contemplação também utiliza a mente de forma proativa. Fazemos uso da atenção plena para observar a nossa mente, as nossas emoções e o nosso corpo, mas com a contemplação também estamos fazendo algo ativo. A contemplação engaja o poder da harmonia entre mente, emoções e corpo. Ela integra e usa essas energias para gerar um estado crescente de autopercepção, liberdade e prosperidade em todos os níveis. Desse modo, o verdadeiro poder da contemplação é que ela se transforma naturalmente em ação decisiva, gerando mudanças fundamentais na nossa vida.

A outra grande vantagem da contemplação é ser uma arte sintetizadora. Ela reúne técnicas do lado esquerdo do cérebro com saltos de percepção provenientes do lado direito. Por exemplo, ela se utiliza da prática da atenção plena como pano de fundo, enquanto faz uso do poder do pensamento imaginativo em primeiro plano. Nesse sentido, a contemplação pode ser abordada de muitas formas e se adequar a diferentes tipos de personalidade. Quer você prefira uma abordagem intelectual, emocional ou cinestésica, essa arte pode facilmente se adaptar às suas necessidades.

## Um Sopro de Liberdade – *Spiro Ergo Prospero*

A Arte da Contemplação nos leva naturalmente a um estado de prosperidade. Estar vivo é prosperar. *Spiro ergo prospero* – Respiro, logo, prospero. Este não é apenas um lindo ditado popular. É a pedra fundamental do caminho contemplativo. Conforme crescemos e deixamos de ser crianças para nos tornarmos adultos, pouco a pouco, vamos desenvolvendo padrões inconscientes de estresse no corpo e na mente que nos impedem de fazer respirações profundas. Ao absorver os segredos deste livro, você aprenderá mais uma vez a respirar fundo. Respiração é sinônimo de liberdade. Quanto mais fundo respiramos, mais livres nos sentimos.

Em algum âmbito, todos nós procuramos pelo sentimento de liberdade. Toda vez que tentamos encontrá-la adquirindo mais dinheiro, ou em novas experiências ou mesmo por meio de práticas espirituais ou de saúde e bem-estar, estamos inconscientemente tentando voltar ao sentimento que tínhamos quando éramos crianças. A criança nada na corrente da liberdade. Mas esse sentimento que todos buscamos não pode ser gerado por nenhum conjunto externo de condições "perfeitas". Por estar diretamente ligado aos nossos padrões de respiração, ele só pode ser gerado de dentro. Portanto, o principal objetivo da contemplação é desfazer essa falsa trama, tecida por nós mesmos, que nos promete a liberdade sem nunca a entregar.

Um dos sinais de que você está no caminho da contemplação é que a sua respiração vai ficando mais profunda e rítmica. Mas isso leva algum tempo. Talvez você fique surpreso ao saber que não irá encontrar exercícios de respiração neste livro. O motivo disso é que cada pessoa possui seu próprio padrão natural de respiração que deve emergir organicamente de dentro de cada um como uma borboleta surge do seu casulo.

Ao aprender a Arte da Contemplação, você começará a vivenciar o campo da verdadeira prosperidade. A prosperidade é um campo vivo e vibrante que unifica as diversas áreas da vida em um todo saudável e harmônico. E como a prosperidade está diretamente ligada à liberdade, à medida que a sua respiração se aprofunda fazendo com que você relaxe cada vez mais, a sua mente ficará mais lúcida, e suas decisões, mais certeiras. Você vai começar a entrar em harmonia com as esferas, ativando o poder da sincronicidade. Tudo poderá ficar melhor na sua vida – seus relacionamentos terão mais suavidade e abertura, novas correntes criativas irão fluir de você e circunstâncias auspiciosas poderão reverberar por toda a sua vida, como que por milagre.

O milagre é que você está encontrando a sua respiração original. Você está encontrando esse sentimento indescritível de liberdade, e isso transmite uma sensação de fluxo e tranquilidade para todas as áreas da vida. Em vez de sentir como se a sua vida fosse feita de compartimentos separados, desconectados uns dos outros, agora ela é um todo perfeito. Você se sente inteiro e próspero. O seu novo lema então se torna:

*Spiro ergo prospero* – Respiro, logo, prospero.

## Ser o Propósito da Vida

Todos nós gostaríamos de saber qual é o nosso verdadeiro propósito na vida. Apesar de tantas conveniências providas pela era tecnológica moderna, a única coisa que muitas vezes nos escapa é um profundo sentido de propósito e realização. Mais uma vez, temos a tendência de acreditar que a realização pode vir de algo que criamos ou fazemos na vida exterior. Se conhecermos o parceiro perfeito, se encontrarmos o lar perfeito e tivermos o trabalho perfeito, acreditamos que assim saberíamos o que significa ser realizado. Essa se torna a nossa missão na vida – tentar criar essas condições perfeitas.

A Arte da Contemplação nos ensina algo diferente. Ela nos ensina que o exterior repousa sobre o interior e depende dele. Podemos ter uma vida perfeita por fora, mas continuar infelizes por dentro. E podemos ter muito pouco por fora, mas ser muito felizes por dentro. O objetivo final da contemplação é encontrar o equilíbrio entre as nossas vidas interior e exterior, e então poderemos nos sentir realizados por dentro e felizes por fora.

A contemplação alcança esse objetivo ao nos ensinar a cultivar um sentido de presença. Aprenderemos que o nosso verdadeiro propósito não é algo que viemos fazer, mas algo que viemos *ser*. É uma qualidade ou virtude interior que colocamos em tudo que fazemos. Encontrar o nosso propósito é encontrar uma nobreza de espírito que permeia toda a nossa vida. Quando descobrimos isso, o que fazemos é de menor importância, uma vez que esse fazer pode mudar. No entanto, nosso ser é a única coisa que nunca irá mudar. Somente ele nos torna inabaláveis, estáveis e radiantes – nós nos *tornamos* o propósito da nossa existência.

## Contemplação pelas Eras

A Arte da Contemplação é tão antiga quanto as pedras. Muitas pessoas, importantes e humildes, trilharam esse caminho antes de você. Há muito tempo a abordagem contemplativa tem sido o pilar das grandes tradições espirituais em todo o mundo. Os primeiros contempladores foram os antigos xamãs – os primeiros aventureiros do mundo interior dos tempos pré-neolíticos que buscavam entender as conexões entre as coisas. O xamã via a ligação entre as estrelas e as pedras e era capaz de, por exemplo, traçar uma linha intuitiva muito clara que conectava os padrões dos pássaros no céu com os eventos da nossa vida. Este é o verda-

deiro propósito da contemplação – encontrar conexões, construir
pontes e perceber que tudo na vida está ligado a todo o resto.

Há muito tempo os seres humanos têm a forte intuição de que
o que está acima se relaciona com o que está abaixo – que existe uma razão e um propósito mais profundo para tudo que
acontece. Como esse propósito está além do alcance dos nossos
sentidos externos e da nossa mente racional, desenvolvemos
outras formas de nos afinar a ele. Contemplação é o nosso instrumento de afinação. Todas as principais religiões – cristianismo,
hinduísmo, budismo, judaísmo e islamismo – possuem fortes
elementos contemplativos. Diversas técnicas místicas surgiram
dessa tradição – oração, meditação, adoração, canto, entoação e
jejum são alguns exemplos de práticas contemplativas.

A contemplação pode ser feita em solitude, como nas tradições
dos místicos eremitas solitários, ou em conjunto, como nas
grandes tradições monásticas. Às vezes, a contemplação também
exige movimento, levando o contemplador a partir em longas
missões ou peregrinações. Outras vezes, o contemplador permanece em um único lugar e na mesma posição durante toda sua
vida. O importante a se entender sobre a Arte da Contemplação
é a grandeza de sua generosidade. Ela engloba muitas práticas,
ensinamentos e culturas, moldando-se a cada época humana.
Atualmente, a contemplação é tão relevante e essencial quanto
sempre foi e, como veremos, em muitos aspectos ela é ainda
mais relevante e essencial nos dias de hoje.

## Contemplação Contemporânea

A palavra *contemplação* se origina da combinação da raiz lati-
na *templum,* que significa templo, e do prefixo *com.* Portanto,
podemos dizer que o significado mais profundo dessa palavra
é adentrar o próprio templo, o seu próprio espaço interno

sagrado. Além disso, o prefixo *com* adiciona mais uma dimensão intrigante ao nosso entendimento. Quando entramos em nosso ser interior, temos a sensação de que estamos *com* alguém ou alguma coisa. Essa é a essência da contemplação – quando olhamos para dentro, começamos a descobrir conexões. Nós nos tornamos um *com* o mistério. Isso até pode soar como algo místico, e é mesmo, mas também é algo que todos conhecemos.

A maioria de nós já vivenciou a contemplação. Na verdade, já sabemos como contemplar. Às vezes, quando estamos enfrentando um problema ou desafio na vida, descobrimos que a resposta surge espontaneamente de dentro de nós. Talvez venha em um sonho, ou quando deitamos na cama à noite. Respostas e lampejos vêm até nós de muitas maneiras diferentes, mas todos nós conhecemos e nos recordamos dessas experiências. Um dos propósitos deste livro é aumentar a frequência com que essas descargas espontâneas de clareza acontecem na nossa vida. Só precisamos lembrar que as verdadeiras respostas às nossas perguntas e questões brotam de dentro de nós mesmos. Essa revelação deve permear toda a nossa jornada.

No mundo acelerado de hoje, pode parecer um desafio simplesmente conseguir um tempo para contemplar. Na verdade, é o oposto. Como você vai aprender, a contemplação acontece nos intervalos da nossa vida. Ela está lá o tempo todo, no pano de fundo, enquanto estamos ocupados, e então, quando paramos, descansamos ou pausamos, de repente algo brota dentro de nós e vivenciamos um raro momento de puro ser. Esses momentos mágicos podem durar apenas alguns segundos, mas quando olhamos para trás no nosso dia agitado, você pode ter certeza de que esses poucos momentos de calma e lucidez serão como um oásis em meio ao barulho e frenesi do nosso dia a dia. A

Arte da Contemplação irá ampliar a sua vida ao dirigir o seu olhar para esses momentos especiais até você ficar querendo mais. Com a prática, você também vai descobrir que tudo na sua vida vai ficando mais eficiente. O seu corpo fica mais leve, as suas emoções entram em equilíbrio e a sua mente se torna mais lúcida e clara.

## As Três Técnicas – *Pausar, Pivotar, Integrar*

A essência prática deste livro se dá a partir de três técnicas simples que você pode aprender, refinar e dominar ao longo do tempo. Cada uma dessas técnicas se relaciona com uma transformação em potencial que a contemplação pode levá-lo a atravessar. A primeira técnica se chama *Pausar* e está relacionada à mente. A segunda técnica se chama *Pivotar* e está relacionada às emoções. A terceira técnica se chama *Integrar* e está relacionada ao corpo físico. Essas técnicas são fáceis de aprender, e o ideal é serem praticadas na ordem em que são dadas. Em outras palavras, é melhor saber como *Pausar* antes de *Pivotar*, uma vez que *Pivotar* evolui naturalmente a partir da sua prática de *Pausar*. Da mesma forma, *Integrar* está mais à frente no caminho e irá fluir com muito mais facilidade quando você tiver assimilado totalmente as duas primeiras técnicas.

## As Três Confirmações – *Lampejo, Descoberta, Epifania*

À medida que você aprende a dominar as três técnicas acima, existem três indicadores que mostram que a sua prática de contemplação está funcionando. Elas são as três confirmações. A primeira confirmação se refere a Pausar e se chama *Lampejo*, a segunda confirmação se chama *Descoberta* e está ligada a Pivotar, enquanto a terceira confirmação, *Epifania*, diz respeito à técnica Integrar.

Naturalmente, como em qualquer nova técnica, é preciso ser diligente e ter muita paciência antes que os resultados sejam visíveis. Mas a experiência tem mostrado que uma vez que a primeira técnica Pausar tenha sido dominada, as outras confirmações virão natural e facilmente em seu próprio tempo.

Cada uma das três técnicas, bem como suas confirmações, recompensas e aplicações são descritas nas três seções principais deste livro. O epílogo consiste em técnicas e contemplações específicas que podem melhorar ainda mais a sua prática e ajudá-lo a levar o poder da contemplação para o seu dia a dia.

## A Grande Recompensa da Contemplação –
*Autoiluminação*

Conforme você vai aprendendo a Arte da Contemplação, muitas recompensas começam a vir ao seu encontro. Você vai se sentir mais calmo a maior parte do tempo, e a sua mente vai se aquietar e ficar mais clara. Decisões vão adquirir mais fluidez na sua vida diária, e o seu corpo vai se lembrar do que significa relaxar, o que pode resultar na cura de muitos dos velhos padrões que prejudicam a sua saúde. Você naturalmente vai se sentir cada vez mais atraído por coisas e pessoas que apoiam e servem à sua evolução, em vez de ser arrastado para relacionamentos difíceis e desafiadores e situações que drenam a sua energia.

Acima de tudo, a maior recompensa da contemplação é um processo conhecido como *Autoiluminação*. A autoiluminação se refere a uma Descoberta, ou a uma série delas, que ocorrem à medida que a nossa prática da contemplação vai se aprofundando. Ela acontece quando deixamos a nossa contemplação vagar livremente pela nossa vida, até pousar em algo numinoso, algo que ressoa muito fundo dentro de nós. Quando descobrimos essa imagem, ideia ou arquétipo, podemos passar horas, semanas e meses contemplando a mesma coisa. Quanto mais simples a ideia, mais fundo ela penetra em nós, até que um dia ela simplesmente eclode e vivenciamos a autoiluminação – um estado inesquecível de liberdade interior e incandescência.

## Usando este Livro

Apesar de não ser muito longo, este livro possui muitas profundidades ocultas. Cada frase contém um fragmento de sabedoria destilada. Quando esses diversos fragmentos se reúnem, você começa a habitar o lindo mundo da contemplação. Na superfície, a sua vida continua como sempre foi, mas bem lá no fundo do seu ser algo extraordinário começa a tomar forma. Talvez, no início, baste apenas ler as palavras, e pode ser que somente algumas delas ressoem dentro do seu coração. Esse é um bom início. Toda vez que ler uma frase que abra um espaço dentro de você, pare por um momento e dê tempo para ela se assentar. A contemplação, assim como um bom e raro chá, requer tempo para soltar seu aroma.

Pode ser que você goste de ver a sua relação com este pequeno livro como uma jornada. Talvez o tenha encontrado durante uma época da vida quando estava realmente procurando uma direção na qual pudesse confiar. Se for esse o caso, este livro pode caminhar ao seu lado por um bom tempo, enquanto você faz a transição de uma fase a outra da vida. Ele pode ser uma fonte de apoio e alento durante esse caminho. O livro foi projetado para que você se *relembre* de como contemplar. Portanto, mesmo se você ler o livro do começo ao fim em apenas um dia, de uma vez só, tudo bem. Mas não será possível assimilar tão facilmente a profundidade contida nele em um curto período de tempo. A contemplação não é uma arte rápida. Ela é uma chama maravilhosa, profunda e reluzente, que queima *bem* devagar.

Convido você a abordar este livro como se aproximasse de uma nova amizade. Não é possível conhecer alguém novo em um único ímpeto louco. Vocês precisam se encontrar muitas vezes, para conversar, ouvir, explorar, viajar juntos, talvez discutir e discordar de vez em quando – até que um dia você simplesmente descobre que encontrou um amigo de confiança para a vida toda. Assim é com a Arte da Contemplação.

# CONTEMPLAÇÃO MENTAL

## Libertando a Mente

A mente humana é um instrumento incrível, e assim como um instrumento musical, ela requer maestria para que possamos desfrutar de todo seu potencial. Você pode ter um lindo violino, mas se só o que consegue fazer é arranhar algumas notas, isso pode ser uma bela oportunidade desperdiçada. A maioria das pessoas não sabe como aproveitar a mente ao máximo. A nossa educação moderna é semelhante a aprender todas as escalas musicais, mas ela não avança muito além disso, por isso, quase nunca conseguimos aprender a tocar a música magnífica que nascemos para tocar.

A Arte da Contemplação nos ensina a libertar a nossa mente para que ela possa nos ajudar a viver uma vida de profundidade e beleza na qual ela é nossa aliada, e não nossa inimiga. Para muitas pessoas, a mente é algo que causa preocupações e tormentos. Ela é muito útil na realização de tarefas cotidianas e nos ajuda a ganhar o pão de cada dia, além de nos divertir muito com os mais variados tipos de estímulos, porém raramente valorizamos a mente pela dádiva sagrada que ela realmente é.

Portanto, vamos iniciar esta jornada honrando esse maravilhoso instrumento que temos à nossa disposição. A nossa habilidade de equilibrar ambos os lados do nosso cérebro, a lógica do hemisfério esquerdo com a intuição do hemisfério direito, é um tesouro que pode nos levar aonde quer que desejemos ir na vida. À medida que você aprende a sutil Arte da Contemplação, a sua mente começará a perceber todo seu potencial e efervescência. Ao se tornar o mestre da sua mente, você começa a saborear uma sensação de liberdade e paz que talvez nunca tenha sonhado ser possível.

## Abrindo a Mente – *O Plano Mental*

Se realmente deseja liberar o potencial oculto da sua mente, você precisa abordar a contemplação com uma mente aberta. Sempre que começamos algo novo, geralmente levamos junto uma grande quantidade da bagagem mental aprendida ao longo da vida. Quando você entra em um templo, uma biblioteca ou um museu, geralmente é solicitado a deixar sua bagagem na porta. Este é um ato simbólico, além de uma necessidade prática. Da mesma forma, entramos no templo interno da nossa mente só depois de termos tirado os sapatos. É importante entender que você não está sendo solicitado a mudar suas ideias ou opiniões, nem a descartar nenhum de seus aprendizados ou sua educação. Você está simplesmente sendo solicitado a deixar tudo isso de lado antes de começar o processo de contemplação.

Vamos considerar o que você pode ter aprendido sobre a sua mente. Provavelmente lhe disseram que a mente é uma extensão do funcionamento do seu cérebro. O cérebro fornece o equipamento, e você decide qual programa gostaria de usar, e quando e como usá-lo. Este é mais ou menos o entendimento padrão que se costuma ter sobre a mente humana.

Aqui está uma maneira alternativa de olhar para a mente. Imagine que ela é uma espécie de envoltório radiante em torno do seu corpo físico, estendendo-se de cada célula e permeando todo o seu corpo. Talvez esse *corpo mental* se estenda por toda a sala onde você está sentado agora. Deste ponto de vista, você está vivendo dentro da sua mente, e não o contrário. Outras pessoas também estão andando por aí com seus corpos mentais se estendendo pelo ambiente. Como coletividade, estamos todos habitando um mundo de pensamentos e vibrações altamente sutis que emanam de cada um de nós.

Agora imagine que se encontra com um amigo, e seus dois corpos mentais começam a se sobrepor um ao outro. Vocês começam uma conversa animada. Pensamentos voam entre vocês, carregados pelas assinaturas vocalizadas das palavras. Alguns pensamentos permanecem não ditos, mas talvez ainda possam ser sutilmente sentidos por ambos os envolvidos. Os seus pensamentos estão em ressonância, então, vocês dois se sentem confortáveis.

Agora imagine o cenário oposto. Você está de frente a alguém no meio de uma discussão. As vibrações sutis dos pensamentos de cada um esbarram uns nos outros, colidindo e ricocheteando para todos os lados de maneira caótica, como uma de luta de espadas. Não há ressonância, então, isso é vivenciado como desconfortável e desagradável.

A ideia de que o pensamento existe em um plano próprio não é tão difícil de acreditar. Ele é uma vibração sutil, e embora ainda não tenhamos uma instrumentação definitiva para medir vibrações tão rarefeitas, isso não significa que elas não existam. Diante desse cenário, também podemos ampliar ainda mais o nosso pensamento. Pela lei universal da afinidade, nós atraímos certos padrões de pensamento na dimensão mental. Um padrão de pensamento negativo como "Eu não sou bom o suficiente" pode atrair um padrão semelhante por meio de ressonância. Isso obviamente levaria a um relacionamento bastante desafiador, mesmo que tenha começado por ressonância. Da mesma forma, um padrão de pensamento positivo como "todos os seres humanos são essencialmente bons de coração" pode criar e atrair um conjunto muito diferente de relacionamentos e experiências.

Quer você escolha ver o que foi descrito acima como uma oportunidade para abrir seus olhos, ou apenas como uma linda metáfora, os fatos falam por si – a maneira como pensamos determina a realidade que se molda ao nosso redor. A nossa atitude esculpe as nossas formas-pensamento. Como nos padrões climáticos da Terra, um sistema de alta pressão afasta as nuvens, enquanto um sistema de baixa pressão as atrai. Desse mesmo modo, uma mente clara repele a confusão, a dúvida e a negatividade.

## Contemplação Gera Clareza

O lugar mais fácil para começar o caminho de contemplação é pela mente. Ao ler estas palavras, você já está usando a sua mente para contemplar. Essa é a primeira etapa da contemplação. Você começa a refletir a fundo sobre si mesmo e o propósito da sua vida. Este é um processo contínuo, então, não é preciso criar nenhuma ansiedade em torno disso. Não existe maneira certa ou errada. Você não precisa se sentar em um canto e fechar os olhos, e também não precisa começar nenhum tipo de prática especial. Contemplação é um caminho suave, e ele começa aqui, só com você pensando sobre a sua vida. No decorrer do seu dia, deixe o fluxo contemplativo do pensamento simplesmente aparecer quando quiser, mesmo que seja por apenas cinco minutos em um dia inteiro, ou só quando você abre este livro. O importante é saber que a sua jornada começa agora.

Quanto mais fundo você entra na contemplação, mais ela penetra o seu ser, e isso tem o maravilhoso efeito de limpar a sua mente, como se você tivesse acabado de limpar uma vidraça imunda com água quente e sabão. Esse tipo de clareza é realmente raro no nosso mundo moderno. À medida que ela se aprofunda, você se torna bastante respeitado pelos outros, já que uma pessoa capaz de ver através dos miasmas da mente é alguém que pode ajudar qualquer um, em quase qualquer situação imaginável.

## O que Contemplar

Há muitas coisas que podemos usar como foco para contemplação, e existem duas abordagens principais que podemos seguir. Podemos escolher algo que nos inspire, ou algo que nos desafie.

Se escolhermos algo inspirador, como a ação ou a vida de uma pessoa que admiramos profundamente, ou talvez um livro, filme ou uma música bonita, ou alguma coisa na natureza, então a nossa contemplação vai começar a nos elevar. Ela vai elevar o nosso espírito, o nosso humor, e nos inundar com um sentimento de paz e maravilhamento. Este é um dos principais propósitos de aprender e se tornar um mestre da contemplação – aumentar a nossa capacidade para a alegria e o amor.

A Arte da Contemplação possui um encanto universal, agradando a todos os tipos de personalidade. Se você é visual, cinestésico ou tem uma forte inclinação lógica, pode adaptar as suas técnicas preferidas ao assunto de sua contemplação. O ponto principal é usar o momento para promover a elevação do seu pensar e sentir. Se você é uma pessoa visual, pode usar o maravilhoso poder da sua imaginação para criar uma imagem de paz, amor ou beleza no espaço interior do seu corpo e da sua mente. Se você é mais voltado para o âmbito físico, pode usar uma prática como a corrida ou o yoga como um meio de purificar o pensamento e trazer foco e clareza ao seu estado interior. À medida que a sua prática se torna mais avançada, você vai perceber que pode usar qualquer coisa como tema de contemplação, desde que isso inspire e anime o seu espírito.

Outro propósito da contemplação é gerar mais clareza na nossa vida, nos auxiliando a dissipar desafios. Você pode começar o processo agora mesmo, se quiser. Você pode pensar sobre a questão que atualmente considera ser a mais desafiadora na sua vida e fazer dela o foco da sua contemplação. Desde que não se pressione, quando você deixa a sua cabeça e o seu coração abarcarem esse desafio, a sua contemplação começará a lançar uma nova luz sobre o tema. A sua mente vai parar de se tensionar sempre que você pensar sobre o assunto, o que significa que você poderá chegar com mais facilidade a uma solução interna ou externa. Essa técnica pede apenas que você acolha a questão com suavidade dentro de si, simplesmente levando a sua respiração para dentro dela. Essa segunda abordagem contemplativa leva à sabedoria e à clareza.

Você pode começar seu caminho de contemplação escolhendo uma ou ambas as abordagens acima. Uma vez escolhido o assunto no qual deseja focar, seja por inspiração, desafio ou ambos, é recomendado que você fique com ele até vivenciar um espaço se abrindo no seu íntimo.

## Como Contemplar

O processo de contemplação é pura simplicidade, embora revele camadas cada vez mais profundas com novas nuances ao longo do tempo. As três técnicas deste livro nos conduzem por esse processo em profundidade. Em essência, começamos a nossa contemplação focando a nossa percepção em algo. Se estamos contemplando um desafio, então nos concentramos em sua solução. Sustentamos essa meta o máximo que pudermos, e quando a nossa percepção se desvia, simplesmente continuamos a trazê-la de volta com suavidade. Não deve existir nenhuma tensão nesse processo. Se a sua vida lhe desvia do assunto, tudo bem. Você pode continuar a sua contemplação mais tarde, quando se lembrar dela. Essa abordagem não forçada funciona muito bem por longos períodos de tempo, possibilitando que a sua percepção siga seus próprios ritmos internos.

Uma vez iniciada, a contemplação nunca acaba. Ela acontece o tempo todo, mesmo quando não estamos percebendo. Quanto mais retornamos ao tema da nossa contemplação, mais fundo ela penetra na nossa mente inconsciente. Ela entra até na nossa vida onírica, atuando nos sonhos. É simples assim, nós contemplamos sempre que sentimos vontade de contemplar. A prática se resume a isso. Se você puder reservar todo dia um horário específico para sua contemplação, irá potencializar muito os resultados.

No início, você provavelmente vai descobrir que seu foco se afasta o tempo todo do assunto e, no final do dia, pode ser que tenha passado apenas um curto período conscientemente contemplando.

Também deve-se considerar que certas horas do dia são mais apropriadas para o estado contemplativo. Logo que acordamos ou antes de dormir são bons exemplos desses momentos. Podemos aproveitar ao máximo essas ocasiões em que a nossa percepção se volta naturalmente para dentro. Com o tempo, também iremos descobrir que nos tornamos mais conscientes do nosso estado interior mesmo quando estamos muito ocupados durante o dia. Isso pode realmente mudar a maneira como abordamos as muitas tarefas que cada dia nos traz. Vamos descobrindo que há cada vez mais respiro permeando a trama da nossa vida, e até mesmo as coisas que antes considerávamos chatas e monótonas começam a ganhar um novo brilho.

## A Primeira Técnica – *Pausar*

Uma vez determinado o tipo de mistério que queremos desvendar, precisamos criar as condições certas para que a contemplação aconteça. Isso requer o cultivo de uma sensação de espaço na nossa vida. É como se tivéssemos com uma pedrinha na mão com a intenção de jogá-la em uma lagoa para observar a natureza de suas ondulações. Se a água estiver agitada e turbulenta, não teremos uma visão clara para observar seus efeitos.

Pausar é a mais fácil das três técnicas deste livro. A boa notícia é que uma vez que tenha dominado a arte de pausar, as técnicas seguintes virão com muito mais facilidade, por isso vale a pena dedicar algum tempo a ela. Essa técnica também é maravilhosa por si só. Feita com regularidade, ela é capaz de transformar toda a vida de uma pessoa.

Pense no seu dia de ontem. Tente se lembrar de alguns dos eventos que aconteceram e depois se conecte ao sentimento geral que esse dia lhe proporcionou. Quando você chegou ao fim do dia, como se sentiu? Muitos de nós chegam ao final do dia e simplesmente se jogam no sofá ou na cama sem ter uma sensação clara do dia que passou. À medida que você vai aprendendo a arte de pausar, seus dias começarão a ser muito diferentes. Eles irão se expandir como se você estivesse de alguma forma injetando mais tempo e espaço neles. Você também irá ganhar um sentido de perspectiva mais amplo sobre a sua vida. Em vez de simplesmente sair atropelando o seu dia, você poderá ver como ele se enquadra em um padrão maior, e isso lhe dará uma grande sensação de paciência e tranquilidade. Você vai começar a se lembrar de uma verdade fundamental da vida: se nadar contra a corrente, vai acabar exausto. Enquanto que, se encontrar o seu próprio ritmo harmônico natural, as coisas funcionarão com muito mais eficiência à sua volta.

A técnica Pausar nos conduz a um maravilhoso paradoxo – quanto mais desaceleramos, mais a vida parece se expandir. Em outras palavras, quanto mais frequentemente aprendemos a parar e respirar, mais espaço sentimos, e mais clara a nossa mente se torna. Essa mente lúcida pode então tomar decisões claras e sem nenhuma pressa ao longo do dia.

## Colhendo Pausas

A técnica Pausar, nada mais é do que perceber as pausas naturais da vida e simplesmente saber desfrutá-las. Tudo na natureza pausa. Se você observar qualquer pássaro, animal ou inseto, vai ver que ele pausa o tempo todo sem nenhum motivo aparente. Na verdade, existem muitos motivos para pausar. Quando você para durante uma atividade específica, consegue perceber melhor o ambiente à sua volta. Você também percebe melhor o seu ambiente interior. De repente, pode se dar conta de que está cansado, ou que a sua mente estava dando voltas, ou que a sua respiração se tornou superficial e forçada. Pausas como essas muitas vezes convidam a um suspiro físico, enquanto o corpo se lembra de respirar fundo, soltando um pouco da tensão.

Portanto, a primeira etapa da técnica Pausar compreende encontrar e reconhecer as pausas naturais que se abrem diante de você todos os dias. Uma vez que você começa a notá-las, poderá colhê-las como frutas frescas direto do pé. As pausas estão aqui para serem desfrutadas.

Quanto tempo dura uma pausa? Uma pausa pode ser tão curta quanto uma única respiração, ou pode ser muito mais longa. Você pode começar esta técnica encontrando o máximo de pausas curtas que puder ao longo do dia. Por exemplo, quando estiver sentado olhando para a tela do computador, talvez respondendo a um e-mail ou texto, antes de correr de uma resposta a outra, tente respirar um pouco entre cada uma, podendo até erguer o seu olhar e absorver o ambiente ao seu redor. Outro exemplo pode ser dirigindo, quando você chega a um semáforo no momento em que ele fica vermelho. Em vez de se sentir frustrado ou irritado, você pode escolher ver a situação de outra maneira. A vida acabou de lhe oferecer uma pausa. Durante essa pausa, você pode entrar no campo da contemplação.

Essas técnicas tão simples podem ter efeitos muito abrangentes na sua vida. Um dia cheio de pausas é um dia calmo e regrado. Nada nunca lhe sobrecarrega ou causa muito estresse. Além disso, no final de um dia como esse, mesmo que o seu corpo esteja cansado, a sua mente ainda irá se sentir clara e ordenada, levando a um sono profundo e uma bela manhã no dia seguinte.

## Pausas Inesperadas

De certo modo, a vida pode ser vista como uma linda brincadeira. Muitas vezes nos encontramos no meio de uma tarefa importante quando, de repente, algo nos interrompe. Embora possamos ficar irritados por ter nosso ritmo rompido ou nossos planos frustrados, podemos aprender a ver essas perturbações como dádivas. Cada quebra no fluxo é na verdade parte de um fluxo mais amplo e, às vezes, é assim que a vida nos oferece a pausa de que precisamos, mesmo que não seja necessariamente bem-vinda no momento. Quando aceitamos a interrupção, e seguimos a energia que está chamando a nossa atenção, muitas vezes aprendemos ou vivenciamos algo importante que de outra forma não teria acontecido. Reconhecer pausas como sendo pausas, em vez de interrupções incômodas, é uma parte importante da Arte da Contemplação. Às vezes, quando descartamos o que achamos ser uma perturbação, estamos realmente fechando a porta para um momento de serendipidade e boa sorte. Você pode vir a descobrir isso por si mesmo na próxima vez que uma pausa inesperada o surpreender.

## A Magia no Intervalo

Muitos grandes músicos, escritores ou artistas têm atestado que a verdadeira magia de sua arte se dá no silêncio entre as notas, ou no intervalo entre as palavras ou imagens. Isso é muito mais do que uma linda metáfora. Quando pausamos no meio de uma onda de atividade exterior, toda a energia interior que cultivamos com a nossa contemplação de repente brota na superfície, como uma bola de basquete que inconscientemente estávamos segurando debaixo d'água. Nessas horas, subitamente nos recordamos de nós mesmos mais uma vez e vivenciamos um momento de autoconsciência. Esses momentos são como joias reluzentes no decorrer do nosso dia. Nós desaceleramos por um tempo, a nossa respiração se aprofunda, talvez acompanhada de um profundo e delicioso suspiro.

A mudança acontece nos intervalos. Aos poucos, ao longo do tempo, à medida que você aprende a desfrutar dessas pausas, a sua ansiedade diminui, o seu coração se suaviza e você recorda mais uma vez que a sua vida pode ser cheia de magia e mistério.

## Criando Pausas

Uma parte importante da Arte da Contemplação é engajar o seu espírito criativo. Cabe a você descobrir como criar mais pausas no seu dia. Pausar é uma forma de autodisciplina, e leva algum tempo para reprogramar o hábito na sua vida. No entanto, uma vez iniciado o processo, ele pode ser muito divertido e extremamente revelador.

Existem muitos tipos de pausas. Pausar não significa necessariamente parar de se mover e ficar quieto. Esta é apenas uma vertente. Outro tipo de pausa é a pausa transitória entre um acontecimento e outro na nossa vida. Por exemplo, caminhar para o trabalho pode ser uma pausa. Tudo depende de como você caminha. Se você sai desembestado pela rua abaixo, olhando para o telefone ao mesmo tempo, isso não está criando uma pausa. Se você estiver passeando pela rua em um ritmo tranquilo, desfrutando o fato de estar realmente saboreando o momento, então talvez seus lábios se abram em um sorriso e por alguns momentos você se sinta livre e descontraído de verdade.

Existem muitas pausas em movimento como estas na nossa vida. Caminhar é uma das melhores atividades contemplativas. Correr também pode ser uma maneira maravilhosa de contemplar, assim como qualquer atividade aeróbica que proporcione uma sensação de liberdade. As pausas podem ser silenciosas, ou preenchidas com música. Qualquer coisa que quebre a monotonia da nossa atividade incessante pode ser classificada como uma pausa. O truque é perceber quando elas estão acontecendo e, em seguida, lembrar de desfrutá-las.

Como já vimos, às vezes, quando estamos com pressa, a vida deliberadamente interfere e nos oferece uma pausa que podemos sentir como inconveniente. Por exemplo, podemos estar a caminho de algum lugar quando alguém nos engaja em uma conversa que preferiríamos evitar. Estes são momentos dignos de nota. Em vez de baixar a cabeça e evitar o contato visual, poderíamos tentar o oposto – ser acolhedor e caloroso. A maioria das pessoas ama ser ouvida. Às vezes podemos sentir que esse tipo de interação é um desperdício do nosso precioso tempo, mas a verdade é que ele nos oferece uma rara oportunidade de abrir o nosso coração e a nossa mente, algumas vezes com um estranho ou uma pessoa que não conhecemos tão bem. Nunca sabemos o que pode vir dessas pausas até nos engajarmos nelas. No mínimo, teremos criado um pouco mais de intimidade no mundo.

Outro presente que você pode gostar de dar a si mesmo é aprender a arte de perambular, passear e delongar. Isso requer dar a si mesmo mais tempo do que precisa quando está indo a algum lugar. Em vez de correr às pressas de um local a outro, você pode deliberadamente tomar uma rota mais sinuosa atravessando um parque ou seguindo o curso de um rio, ou mesmo por um mercado cheio de gente. O truque é estar em algum lugar sem nenhum outro propósito além de aproveitar o simples prazer de estar ali sem pressa. Precisamos aprender a passear em vez de caminhar, e a perambular em vez de marchar.

A delonga consciente é outra qualidade especial da pessoa contemplativa. É a capacidade de absorver uma experiência, pausando mais do que seria necessário. Mais uma vez, é quando nos damos esse espaço extra que dádivas inesperadas acontecem. Por exemplo, muitas vezes, é depois que outras pessoas deixam uma reunião ou uma refeição que alguém baixa a guarda, abrindo um novo espaço de diálogo ou troca.

Pausar pode realmente ser uma técnica bastante simples e agradável. Contanto que você seja um pouco persistente e empregue a sua criatividade, logo vai pegar o jeito e começar a colher suas muitas recompensas.

## A Primeira Confirmação – *Lampejo*

Você deve se lembrar de que existem três confirmações que resultam da nossa prática contemplativa. Cada uma das três técnicas contemplativas leva a algum tipo de transformação. A primeira delas é o *Lampejo*. Quanto mais espaço e pausas você cria na sua vida diária, mais relaxada e aberta a sua mente se torna. Uma mente aberta pode dar um súbito salto quântico em entendimento. Lampejo é uma revelação espontânea sobre algo que antes estava fora do alcance do nosso entendimento.

Há muitos mistérios ocultos dentro do inconsciente humano. Por exemplo, na juventude aprendemos várias estratégias mentais para lidar com situações dolorosas inesperadas, e essas estratégias se alojam quase sempre na nossa mente inconsciente. Esses padrões de pensamento nos seguem em nossos relacionamentos, empregos e vidas, e podem nos debilitar quando nos sentimos ameaçados ou sobrecarregados. Nossos medos inconscientes são como nós retorcidos dentro da mente, formados por nossas opiniões ou julgamentos rígidos sobre nós mesmos, os outros e o mundo em geral.

A Arte da Contemplação dissolve pouco a pouco esses padrões enrijecidos, e o primeiro estágio é simplesmente criar mais espaço interno para que eles sejam vistos e liberados. Este é o poder de Pausar. Pausar geralmente leva direto ao Lampejo, que é o desemaranhar espontâneo de um desses velhos nós dentro da nossa mente. Quando esse nó se desfaz, o que pode acontecer a qualquer instante, sentimos uma súbita onda de entendimento e liberação por finalmente ver e deixar ir uma velha forma de pensar que nos persegue há tantos anos. O subproduto de um Lampejo como esse é que uma nova luz se acende nas profundezas da nossa mente, confirmando e aprofundando a nossa prática de contemplação.

Ao seguir praticando a técnica Pausar por um período de tempo, mais cedo ou mais tarde, você irá vivenciar uma onda de Lampejos desse tipo. Ela poderá vir sem nenhum aviso, ou ir crescendo aos poucos. Quando vier, de repente você se dará conta do poder da contemplação e de como ela afeta a sua mente, libertando os seus modos de pensar limitantes e descortinando uma nova maneira de ver a si mesmo no mundo.

## Rompendo Silos – *Aplicando o Lampejo à sua Vida*

Uma das grandes vantagens de ter uma mente livre é a expansão exponencial do seu pensamento para englobar uma imensa diversidade de campos. Genialidade é a capacidade de entender, tanto lógica quanto intuitivamente, a verdade central que une todos os campos de conhecimento e empreendimento humano. Apenas uma mente verdadeiramente aberta tem a capacidade de sintetizar todos esses dados.

Com o tempo, a sua prática contemplativa vai abrir novas vias neurais em seu cérebro que farão a ponte entre os hemisférios esquerdo e direito. Isto significa que sempre que vivenciar um Lampejo, você poderá ver uma vasta rede de interconexões e sentir o arranjo harmônico correto desses padrões. Esse novo entendimento pode então ser aplicado a qualquer campo, dos negócios à educação e às artes. Você vai descobrir que pode aumentar muito a eficácia de qualquer sistema ou método, desde escrever até lavar a louça, de educar um filho a administrar um negócio.

Outra aplicação excepcional de uma mente contemplativa é a sua capacidade de abrir novos caminhos. Isso é conhecido como *quebra de silos*. Muitos de nós desenvolvem um entendimento profundo de apenas um ou dois campos no decorrer da vida. Geralmente vivemos dentro de parâmetros bem estreitos, contidos pelas limitações de nossa educação, cultura e condicionamento. A mente contemplativa está constantemente rompendo cada um desses "silos" sob os quais vivemos de forma inconsciente. Com a contemplação começamos a aplicar a nossa dádiva do Lampejo a todas as diferentes áreas da cultura e do pensamento humano, preenchendo a nossa vida com novas ideias, novos aliados e amigos, e com uma ampla variedade de novas oportunidades.

## A Recompensa de Pausar – *A Mente de Luz*

A sua nova dádiva do Lampejo pode trazer algumas recompensas extraordinárias para sua vida. A principal delas é a lucidez da mente. Depois de algum tempo, você irá descobrir que a sua mente entende a essência de qualquer problema específico de maneira espontânea e sem esforço. A principal marca de uma mente lúcida é a capacidade de transformar qualquer desafio em uma oportunidade criativa. Ao ir aprendendo a Arte da Contemplação, você vai descobrir inclusive que há cada vez mais pausas no seu próprio pensar à medida que pequenos espaços se abrem entre cada pensamento. Uma mente clara repele tanto a dúvida quanto a confusão. Essa nova sensação de espaço interior pode lhe proporcionar uma confiança renovada no poder da sua mente, que será transmitida por você em todos os lugares por onde for e em tudo que fizer.

No Japão, onde a Arte da Contemplação foi aperfeiçoada pelas práticas intensas do budismo zen, um dos ideogramas usados para a palavra contemplação é:

参悟

A tradução literal desse ideograma é "Luz que fulgura através da mente".

Muitos seres humanos intuem que a mente que está operando em seu máximo potencial está ligada à noção de luz. Falamos de "luz da intuição", de "iluminação" e "despertar". Todas as grandes tradições místicas aludem a essa luz interior que reside logo além da nossa mente comum. O objetivo mais elevado da Arte da Contemplação é finalmente revelar essa luz interior.

O maior potencial espiritual da sua mente é ver a mesma verdade ressoando em todas as coisas e em todos os seres. Essa meta sublime é o resultado de muitos anos de dedicação à prática contemplativa. No entanto, apesar de serem difíceis de alcançar, esses estados de percepção foram demonstrados como sendo reais por muitos sábios que vieram antes de nós. Que isso seja um grande incentivo na sua jornada, enquanto você afina e aprimora as habilidades da sua mente com a Arte da Contemplação. Um dia, a sua recompensa será ver pelos olhos desta mente universal e habitar diretamente esse estado mágico de unidade conhecido como a Mente de Luz.

# CONTEMPLAÇÃO EMOCIONAL

## Cultivando seu Propósito Superior

À medida que a sua prática diária da primeira técnica contemplativa se aprofunda, você pode começar a sentir como todas essas pausas, tanto curtas quanto longas, se entretecem formando uma teia de imensa calma. Agora, podemos até nos encontrar levando dois tipos de vida – nossa antiga vida, na qual ainda somos como uma pequenina aranha soprada ao vento, e essa nova vida, luzindo oscilante para dentro da forma, em que sentimos cada vez mais a nossa conexão com a Terra, sustentados por uma nova sensação de estabilidade e tranquilidade. Nossa prática de contemplação nos convida a cultivar continuamente esse sentimento de estabilidade em meio aos cenários em constante mudança das nossas vidas.

Sem esse sentimento de quietude e clareza interior, a nossa verdadeira essência nunca poderá ser sentida ou conhecida. Muitos nem percebem que uma força transcendente habita o nosso íntimo. Como uma semente que cada um recebe ao nascer, essa essência misteriosa requer um cultivo delicado, a fim de revelar o seu verdadeiro esplendor dentro da nossa vida. Com a prática da Arte da Contemplação, essa semente irá brotar dentro de nós como um poderoso sentido de propósito e visão superior.

Você pode imaginar a diferença entre uma pessoa que vive com uma forte visão interior e aquela que não vive assim? Sem essa visão, a pessoa simplesmente navega sem leme, à deriva nas correntes da vida, reagindo e correndo de um evento a outro. Não há como haver coerência em uma vida dessas, nem qualquer sentido real de propósito. Agora imagine uma pessoa vivendo com uma forte visão interior. Ela pode não saber exatamente para onde está indo, mas há uma força, um compromisso e uma vontade fluindo do coração de sua vida. Seu propósito superior jorra de um grande manancial de calma que se manifesta como uma sensação de virtude e nobre atividade. Uma vida como essa possui um forte sentimento de que existe um padrão subjacente a tudo, o que é profundamente gratificante. Esta é a vida contemplativa, e ela está ao seu alcance.

Ver a sua prática contemplativa como um jardim sob seus cuidados pode ser de grande ajuda. Você está limpando espaços, arrancando ervas daninhas e arejando o solo. De vez em quando você semeia uma semente ou planta uma linda roseira. Depois, é preciso ser paciente e esperar, como todo bom jardineiro. Antes que você perceba, novos brotos irão despontar e uma nova visão começará a crescer diante dos seus olhos.

## Surfando a Onda Emocional

Enraizados ainda mais fundo do que nossos pensamentos, nossos padrões emocionais causam mais impacto na nossa qualidade de vida do que qualquer outro fator interno. As emoções também estão conectadas e são indissociáveis do nosso pensamento, o que significa que quando vivenciamos uma mudança no nosso pensar, também vivenciamos uma mudança no nosso sentir.

À medida que a nossa prática de contemplação segue seu curso, uma das primeiras coisas que podemos notar é uma percepção intensificada das nossas emoções. Todas as emoções oscilam de acordo com um padrão de onda que nos leva da felicidade à dor, e vice-versa, sem cessar. A onda emocional de cada pessoa é única e responde ao nosso ambiente em constante mudança.

Algumas são suaves e amenas; outras, acentuadas e pontiagudas; outras, relativamente planas e sutis. Quando você conhece bem uma pessoa, também conhece a forma e a cadência de sua onda emocional específica.

A contemplação gera uma sensação de espaço ao redor das suas emoções, ajudando você a manter uma certa distância do impacto de suas poderosas ondas. Isso significa que você não precisa mais ser vítima dos seus estados emocionais mutáveis ou dos estados mais exacerbados das outras pessoas. Um dos maiores desafios que enfrentamos é a nossa identificação com as nossas emoções. Quando nos sentimos irritados com alguém, por exemplo, não percebemos que é a nossa identificação com nosso estado emocional que nos aprisiona. O espaço interno e a percepção proporcionados pela contemplação vão podando esse processo de identificação tão arraigado, retirando aos poucos nossa tendência de atribuir responsabilidade e culpa a estímulos externos pelo nosso estado interior.

Lidar com a onda emocional, tanto nossa quanto as dos outros, é semelhante a estar no mar com uma prancha de surfe, atrás da linha de arrebentação. Temos que nos sintonizar aos ritmos das diferentes ondas que se aproximam. Se nos distrairmos com os ritmos e ondas dos outros, iremos errar o tempo do nosso próprio alinhamento e seremos puxados para baixo d'água ou engolidos por uma onda. No entanto, quando conseguimos manter o nosso próprio equilíbrio, mesmo em um mar agitado, atingimos aquele lindo ponto ideal que todo surfista conhece.

Uma das marcas de uma poderosa prática contemplativa é essa capacidade de se manter centrado e estável em meio aos muitos altos e baixos da nossa vida emocional. Como veremos, este é o coração de todo o trabalho proposto aqui.

Muitos de nós provavelmente já ouviu falar do conceito de QE – nossa *inteligência emocional*. Como um contrapeso para o nosso QI (inteligência mental), o QE mede a nossa capacidade de discernir a diferença entre os nossos próprios estados emocionais e os de outras pessoas, bem como a nossa capacidade de assumir responsabilidade por esses estados. Um alto QE representa, portanto, a capacidade de comunicar as suas emoções de forma clara e respeitosa com um alto grau de empatia pelos outros. Ter um QE elevado melhora todos os aspectos dos seus relacionamentos, levando você a lidar com situações emocionais desafiadoras com serenidade e graça. Um dos grandes benefícios da Arte da Contemplação é que ela eleva significativamente o seu QE, abrindo mais espaço no seu coração.

Quando você começa a abrir mais espaço na sua mente com a técnica Pausar, a dimensão ainda mais ampla das suas emoções vai se expandindo naturalmente. Você começa logo a perceber como a sua mente e as suas emoções estão profundamente entrelaçadas. Isso o leva a escutar com mais clareza o que está acontecendo dentro de você no âmbito emocional. À medida que a sua contemplação se aprofunda, é provável que você entre em um período de transformação emocional, identificando e "arrancando" velhos padrões emocionais que já não fazem mais sentido. Esta pode ser uma poderosa e entusiasmante fase da sua prática, capaz de suavizar o panorama emocional de seus relacionamentos de novas e dinâmicas maneiras.

Porém, o verdadeiro segredo para um alto QE é a escuta. Muitas pessoas nos dias de hoje esqueceram como escutar os outros porque não se lembram mais de como pausar e se aquietar. Só quando você se aquieta por dentro é que consegue realmente escutar o que está acontecendo com outra pessoa. E quando você é capaz de escutar a dor no coração de outra pessoa, sem ter pressa de tentar fazê-la se sentir melhor, é que você aprende a escutar com a alma. Sentir-se ouvido neste nível pode causar um efeito profundamente curativo, tanto para quem é ouvido, quanto para quem escuta. Esta é mais uma preciosa dádiva que o caminho contemplativo nos ensina.

## A Amígdala – *Apanhando Sombras*

Nos recônditos do nosso cérebro encontra-se uma pequena câmara neurológica em formato de amêndoa chamada amígdala. A amígdala é a central de processamento da memória e das emoções, principalmente as enraizadas no medo. Eventos difíceis e desafiadores que aconteceram no início da nossa vida são impressos nesta rede neural e podem ser acionados de forma instantânea sempre que nos sentimos inseguros ou ameaçados. Existem agora cada vez mais evidências científicas de que as memórias dolorosas dos nossos ancestrais são mesmo transmitidas pelo DNA e se tornam parte do nosso repertório pessoal de padrões e mecanismos de defesa emocionais.

A amígdala é como o detonador de uma bomba. Operando em um nível abaixo da nossa percepção consciente, ela aciona reflexos aprendidos que são transmitidos pelo nosso sistema nervoso e que se manifestam como reações emocionais. O conhecido psiquiatra C. G. Jung chamou esses padrões de *sombras*, talvez porque eles nos perseguem por todos os lugares. De maneira geral, as reações emocionais de sombra podem vir de duas formas – as extrovertidas e as introvertidas. Reações extrovertidas muitas vezes se manifestam como raiva ou agitação, enquanto padrões introvertidos tendem a se manifestar como apatia, ansiedade ou até mesmo desespero.

Se você contemplar seu histórico de relacionamentos, provavelmente verá que favorece uma dessas duas reações de sombra. A sua tendência é se voltar para dentro e comprimir a sua dor internamente? Ou você ataca e expressa a sua dor na forma de raiva ou acusação? Na verdade, se cavarmos um pouco mais a fundo esse assunto, descobriremos que, por trás de ambos os padrões de sombra, mora um medo universal profundamente impregnado na nossa natureza.

A principal finalidade da contemplação é nos auxiliar a ficar cara a cara com esse medo universal que todos os seres humanos vivenciam. Este é o papel de Pivotar, a segunda técnica deste livro. Pivotar mostra como apanhar suas sombras em ação e, consequentemente, como desarmar o detonador neural que propaga conflitos. Com o tempo, conforme você vai aprendendo a técnica Pivotar, os padrões neurológicos armazenados em sua amígdala vão sendo reprogramados. Isso leva a uma diminuição da atitude defensiva, a um alívio do estresse e à suavização e abertura do seu coração.

## A Segunda Técnica – *Pivotar*

Talvez você já veja e sinta os benefícios da primeira técnica Pausar. Se uma técnica tão simples pode ter efeitos tão profundos na nossa vida, podemos nos perguntar: o que poderia acontecer se nos aprofundarmos ainda mais nesses intervalos e pausas? Contemple a seguinte frase:

> *Toda pausa é um campo de transformação.*

Esta é a base de sustentação da segunda técnica, conhecida como *Pivotar*. O poder da pausa é que ela começa a criar um círculo de quietude dentro de nós, como um lago calmo em uma clara manhã de inverno. Quando a água está agitada, não conseguimos ver através dela, mas, quando ela está calma, fica clara como cristal. A primeira fase é criar clareza, e a segunda, é soltar algo poderoso nesse espaço e observar as ondulações reverberarem por todo nosso ser. A segunda técnica Pivotar é sobre usar a nossa contemplação ativamente como um ponto de sustentação para ocasionar uma transformação pessoal. É aqui que a nossa contemplação se torna ação.

Pivotar é uma prática que tem suas origens na tradição oriental, onde é vista como um meio de transformar nossos desejos, ou nossas *sombras*, em uma visão transcendente da realidade. Em nossa versão contemporânea da contemplação, Pivotar é um ato de vontade que pode mudar a direção da nossa energia de um arco descendente para uma espiral ascendente em apenas um segundo.

Quando você entrar no espaço de uma pausa, imagine que é um mecânico de carros fazendo uma rápida verificação do motor no meio de uma corrida. Você examina o interior do seu corpo em busca de qualquer desconforto, observa seus padrões de respiração, verifica seu estado emocional e faz um diagnóstico geral dos padrões de pensamento que estão passando pela sua mente. Você pode fazer tudo isso em questão de segundos. Essa autoavaliação é um treino para você trabalhar com a sua intuição. Ela irá captar imediatamente uma área ou problema em potencial que requer uma atenção mais profunda.

Você pode imaginar que tem três áreas a diagnosticar – o corpo físico, o bem-estar emocional e o estado mental. Para cada uma dessas áreas, a sua intuição dará uma pontuação de 1 a 10. Uma outra forma seria visualizar um espectro no qual o verde representa um estado de tranquilidade, o amarelo, um estado aceitável, e o vermelho, um estado de desequilíbrio. A dica aqui é não analisar demais, mas fazer um diagnóstico rápido para que a sua intuição venha à tona. Isso dá um foco imediato à sua contemplação. Você pode fazer tudo isso em silêncio, com os olhos fechados ou abertos. Com a prática, esse exercício pode até ser feito em tempo real, em movimento, caminhando ou mesmo em um ambiente agitado. O segredo da contemplação é estar cem por cento *com* você mesmo, *dentro* de você mesmo.

Uma vez averiguada qual área ou áreas precisam de mais cuidado, você pode levar a sua atenção para esse local e olhar para o que está emergindo com honestidade. Essa honestidade levará a uma Descoberta, enquanto você mergulha no poderoso processo de Pivotar.

Abaixo estão 3 exemplos de como isso pode ser aplicado no dia a dia:

1. Você está tendo um dia ruim, sentindo-se estressado e ansioso por causa de determinadas exigências que estão colocando muita pressão sobre seus ombros. Isso deixa você mais irritado e sensível do que o habitual. Portanto, o seu estado de estresse está tendo o efeito de disseminar mais estresse ao seu redor. Em um dado momento, você se lembra de fazer uma pausa. Por alguns minutos, você se disciplina a simplesmente parar tudo que está fazendo e deixar a vida seguir seu curso. Durante esses preciosos minutos, de repente você se dá conta de que a sua mente está apegada a um pensamento autodestrutivo. Você respira até encontrar um pequeno lago de calma em meio à enxurrada de pressões externas. Desse pequeno lago de tranquilidade, você consegue mudar a sua atitude e, com isso, o direcionamento de todo o seu dia. A expansão súbita da sua percepção é poderosa o suficiente para se tornar o pivô em torno do qual você pode mudar de uma mente vitimista para uma mente criativa.

2. Você está se sentindo emocionalmente para baixo, sem contato com qualquer sentido de alegria ou propósito mais profundo na

vida. Você se sente desconectado dos outros e não sabe como voltar para um lugar mais luminoso. Em vez de tentar se distrair do desconforto, você cria uma pausa, um espaço dentro de si mesmo para poder olhar para o seu estado interior com honestidade. Em uma autorreflexão mais profunda, você percebe que o estado em que se encontra é uma forte apatia. Você se lembra que isso não é exclusivamente seu, mas algo universal a todos os seres humanos. Deste lugar de autocompaixão, você entra mais fundo em si mesmo, em seu coração, até encontrar a menor das chamas.

Sempre há uma pequena chama em meio à apatia. Você embala essa chama preciosa, como uma pequena faísca em uma fria noite de inverno. Você aviva suavemente essa chama com muita paciência até ela crescer dentro do seu ser. Isso pode levar algum tempo, até mesmo vários dias. Mas, aos poucos, a sua atenção e a sua coragem ajudam a trazer essa chama de volta à vida e você começa a se sentir humano mais uma vez. Você se sente aquecido, e a esperança aflora do seu íntimo. Você usou a autocompaixão e o amor como pivô para uma mudança total de percepção, e tendo feito isso uma vez, encontra força, pois sabe que pode fazer isso de novo quando precisar. Você aprendeu a trazer o seu coração de volta à vida.

3. Você está sentindo muita tensão no seu relacionamento. Quer você entenda o motivo disso ou não, você pode sentir a pressão subindo e uma provável discussão se aproximando. Em vez de se concentrar na outra pessoa, você pausa e volta sua atenção para dentro.

Você se apropria totalmente do seu próprio desconforto, separando o que é seu das questões da outra pessoa. Isso faz você sentir mais clareza no seu coração e na sua mente. Agora, em vez de se preparar para uma defesa ou um ataque, você está em um estado onde pode lidar com as emoções que surgirem de um lugar de empatia. Por causa disso, você decide não falar com o outro de forma negativa. Você não reprime os seus sentimentos, mas primeiro ouve o outro, reconhecendo o que ele diz em vez de se defender. Então, se for o caso, você fala aberta e honestamente, com sinceridade e sem acusações. Você parou a discussão do seu lado. Você usou uma pausa como pivô para uma mudança total no direcionamento da sua energia emocional. Em vez de um argumento explosivo e doloroso, você criou uma atmosfera de aceitação e entendimento.

Em cada um dos exemplos acima, o ato de pivotar acontece dentro de uma pausa. Obviamente, nem toda pausa leva a um pivoteio, mas, ao aumentar a frequência das pausas na sua vida, você também possibilita que poderosas transformações aconteçam. Com o tempo, usando essa simples técnica de pausar e pivotar, você irá descobrir que está rompendo velhos padrões negativos, e uma nova e fluida sensação de liberdade e leveza poderá ser sentida em cada dia da sua vida.

A beleza de Pivotar é que isso não é algo que acontece conscientemente. Para a mente moderna pode ser difícil compreender que a cura aconteça sem uma ação ou esforço consciente de nossa parte. O aspecto consciente da técnica é fazer a pausa e, em seguida, olhar para dentro para ver o que está acontecendo. O pivoteio em si, se e quando ele acontece, é imprevisível e misterioso. Pivotar é algo que acontece por conta própria, simplesmente por ser honesto com você mesmo e proporcionar o espaço necessário para que uma mudança possa ocorrer. Nós apenas colocamos a nossa atenção sobre o cerne da questão, como uma mãe embala seu filho, e depois aguardamos.

## A Segunda Confirmação – *Descoberta*

A segunda das três confirmações que ocorrem ao praticarmos a contemplação é chamada de *Descoberta*. Assim como a nossa primeira confirmação vem como um lampejo mental, a segunda é vivenciada como uma descoberta emocional. Como a própria palavra diz, essa confirmação se revela inesperada e poderosamente como uma transformação de algum aspecto do nosso comportamento emocional. Muitas vezes, a primeira etapa dessa Descoberta é simplesmente ver o nosso padrão de sombra emocional com objetividade pela primeira vez. Pode ser um choque perceber o quanto temos sido vítimas de uma crença emocional específica. Ver o padrão com clareza leva à consequente dissolução gradual do problema, à medida que a nossa consciência continua a se desfazer desse padrão. Cedo ou tarde, nossa prática contemplativa transforma totalmente a velha sombra e sua negatividade, até ela não nos assombrar mais ou causar a dor que costumava causar.

A Descoberta pode vir tanto na forma de uma conscientização repentina, ou como uma expansão emocional contínua, enquanto vamos erradicando um velho paradigma que tem nos perseguido, e aos nossos relacionamentos, há anos. Na maioria dos casos, a Descoberta dura um período considerável de tempo, já que estamos deixando de lado padrões que se formaram muito tempo atrás quando ainda éramos crianças. Se em qualquer momento você se sentir sobrecarregado por essas mudanças internas provocadas pela sua prática contemplativa, é recomendável procurar um terapeuta ou aconselhador profissional capaz de ajudá-lo a atravessar essa fase de transição.

## Consentir, Aceitar, Acolher – *Os Três Estágios da Descoberta*

A Descoberta possui três fases distintas que podem fazer com que nos entreguemos ainda mais fundo ao processo. Essas fases também podem nos dar um parâmetro de onde nos encontramos no nosso próprio território emocional, bem como para onde estamos nos dirigindo.

A primeira fase é *consentir* a dor. Quer o sentimento doloroso seja raiva, medo, apatia, ressentimento, tristeza ou qualquer outra emoção, o primeiro passo é simplesmente se permitir senti-lo. Você não tem que gostar dele, nem aceitar sua existência. Você pode até odiar o sentimento. Consentir é abrir um espaço ao redor do seu desconforto. Enquanto você não consentir o que estiver vivenciando dentro do seu ser, você está negando a dor, e ela vai apodrecer dentro da sua psique. A beleza de consentir está em sua imensa generosidade. É só abrir a porta um pouco, o que for confortável. Não há pressão alguma em consentir. Nós apenas damos uma espiada no padrão. Podemos até fechar a porta de novo se for muito doloroso. Consentir é um processo no qual vamos abrindo a porta aos poucos durante um bom período de tempo.

A segunda fase tem início depois de uma quantidade razoável de consentimento. A *aceitação* acontece quando começamos a nos acostumar com o desconforto. Finalmente percebemos que a dor emocional não irá nos matar. Ela pode parecer avassaladora, e até mesmo aterrorizante, pode nos fazer sentir irritados, amortecidos ou cheios de raiva. Aceitar um padrão negativo é como pegar um cão ou gato abandonado que sofreu abusos. Leva tempo para reconstruir a confiança. Essa parte da nossa psique precisa desse período de aclimatização no qual vamos percebendo aos poucos a profundidade da nossa dor. Enquanto consentir abre espaço para todos os tipos de sentimentos e seus extremos, aceitar nos leva a um lugar mais profundo e maduro no qual estamos verdadeiramente enfrentando a nossa própria dor ou dificuldade com amor e compreensão.

A fase final é *acolher,* o ápice de qualquer Descoberta. Uma vez que um padrão de sombra emocional tenha sido totalmente aceito em um nível mais profundo, ele é efetivamente expurgado do nosso sistema. A memória dolorosa que deu origem à dificuldade foi recebida com a nossa mais profunda e sincera compaixão. Ela pôde se expressar sem ser projetada no outro como acusação. Também não reprimimos a sombra como algo vergonhoso que queremos esquecer. Por algum tempo, com muita coragem, o padrão foi transformado e, em uma linda reviravolta, ele se tornou algo excepcional – ele se tornou Graça. A Graça pode tomar muitas formas – ela pode vir como perdão, empoderamento, humildade ou algum outro profundo sentimento de resolução emocional. A essência da Descoberta é a nossa dor revelando seu verdadeiro propósito superior – nos proporcionar uma profunda sensação de plenitude e amor.

## Aplicando Pivotar nos Relacionamentos – *Uma Folha em Branco*

À medida que o poder de Pivotar vai se espalhando pela sua vida, todos os seus relacionamentos serão beneficiados. As relações pessoais vão ficar muito mais fáceis, conforme você aprende a arte da empatia e paciência que brota com a técnica Pivotar. As relações de trabalho também vão se tornar mais claras e eficientes, pois a profundidade do seu relaxamento na presença de outras pessoas propicia uma comunicação aberta e honesta. Economiza-se muito tempo com a simples honestidade. É como se você estivesse começando a sua vida de novo, com uma folha toda em branco, onde a negatividade e a desonestidade foram completamente descartadas.

No Japão, há uma tradição conhecida como *haragei* – ela diz respeito à comunicação sutil que acontece entre as pessoas pela química, expressão facial, linguagem corporal e intuição. Já foi comprovado que a maior parte de toda comunicação entre os seres humanos acontece neste nível inconsciente. No *haragei*, o fator mais importante na comunicação é a sua honestidade e intenção. Se você estiver escondendo alguma coisa, não importa o quanto acredite ser bom nisso, ela sempre será comunicada no nível inconsciente. Mesmo quando passamos por cima da nossa própria intuição, no final, o fator oculto virá à tona em algum momento da relação, geralmente provocando crises.

A razão pela qual a técnica Pivotar promove mudanças tão benéficas em nossos relacionamentos é porque ela nos treina a sermos honestos internamente. Quando você é honesto com si mesmo e com o outro, a relação é limpa. Uma relação limpa é como um jardim bem cuidado no qual as flores e plantas recebem as condições ideais para crescer e prosperar.

## O Papel da Suavidade

Como talvez possa imaginar, às vezes, Pivotar pode ser um processo interno bastante intenso. Estamos confrontando aspectos de nós mesmos dos quais podemos ter inconscientemente fugido durante a maior parte da nossa vida. Todos os nossos desafios internos estão enraizados em medos antigos. As reações de sombra emocional faladas anteriormente são apenas uma maneira compreensível de tentar passar por cima de algum tipo de medo ou trauma profundo. Essas áreas sensíveis da nossa psique só podem ser tocadas com o mais suave cuidado. Essa suavidade é a quintessência da Arte da Contemplação.

Se você não se lembrar de mais nada enquanto pratica a Arte da Contemplação, lembre-se apenas disso:

*Acima de tudo, seja gentil com você mesmo.*

A mensagem central que a contemplação nos ensina é que sentir medo é seguro. Ou seja, o medo não nos faz sentir seguros, mas é seguro senti-lo. Da mesma forma, à medida que nos aproximamos de qualquer tipo de dor, em vez de nos retrair, a contemplação nos ensina a nos suavizar nela. Quando alguém está fisicamente ferido, nosso instinto imediato é nos comportarmos com suavidade e calma ao seu redor. A contemplação utiliza essa mesma sabedoria no espaço interior. Todos nós carregamos sensíveis feridas emocionais de um tipo ou de outro. O toque da contemplação é o toque mais suave, capaz de perdoar tudo. Quando sentir qualquer grau de dor, é com esse espírito que você precisa se aproximar de si mesmo.

Da mesma forma, em suas relações pessoais e profissionais é vital sempre levar em consideração os sentimentos do outro. Devemos ser honestos, mas também devemos ser gentis e atenciosos. Quanto mais suave for o nosso toque, maior será a abertura.

## A Recompensa de Pivotar – *O Coração da Paz*

Pivotar é lidar com o desconhecido, com a mudança e com o imprevisível na vida. É também o fio da navalha da contemplação. Como um bisturi, Pivotar pode ser usado para cortar a desonestidade da nossa vida interior. É preciso coragem para entrar nas nossas feridas, desafios e sombras dessa maneira, mas as recompensas do processo são exponencialmente imensas em comparação às dificuldades. A técnica Pivotar pode fazer a cirurgia, mas é a nossa prática contemplativa contínua que irá curar as feridas expostas. É raro encontrar um ser humano sem nenhuma marca de trauma em sua vida emocional.

O grande antídoto para o trauma é o amor. Fala-se muito no mundo moderno sobre o verdadeiro significado do amor. Poucos são aqueles que realmente descobriram a fonte de amor dentro do coração humano. No entanto, esta é a recompensa da Arte da Contemplação. À medida que a nossa consciência continua a revelar lagos de calma cada vez mais profundos, antigos padrões e dores vêm à tona para serem curados, e desses padrões emerge o nosso propósito superior no mundo. Os antigos sufis dos desertos do Oriente Médio dedicaram suas vidas exclusivamente ao estudo do tema do amor. Ao longo de muitas gerações eles criaram uma esplendorosa ciência do amor que jamais foi superada. Eles distinguiram as muitas formas de amor com nomes precisos. O nome que deram à mais alta forma de amor humano é *Ishq* – amor puro. O amor puro é incondicional e ele brota no coração quando todas as feridas foram curadas. É o grande amor cantado por nossos poetas desde sempre – o amor que tece a própria trama do nosso mundo.

Embora isso possa parecer um sonho romântico para muitos, o amor puro é o único legado definitivo que nós humanos possuímos. Não há nada que se compare a ele em toda a criação. Todo nosso conhecimento, ciência e autovalorização caem por terra na presença de um amor como esse. Nós viemos desse amor, e a ele voltaremos. Ele é o mistério insondável do coração humano. Esse amor puro, embora árduo de ser conquistado e raramente testemunhado na Terra, é a recompensa final dos alcances mais profundos da contemplação. Aqueles poucos que corporificaram esse amor ao longo da História encontraram poucas palavras para descrevê-lo. Eles relatam que é uma paz indescritível que reside no coração humano. É esse Coração da Paz que está enterrado como uma joia reluzente dentro de cada um de nós. Ele aguarda o dia em que reuniremos coragem para trespassar o nosso medo, deixando suavemente que as pétalas do nosso coração se abram por completo.

# CONTEMPLAÇÃO FÍSICA

## Celebrando o Corpo

As grandes tradições contemplativas da nossa história têm tido opiniões muito divergentes em relação ao corpo físico. Os caminhos de renúncia mais extremos tentam transcender o corpo por meio de uma intensa disciplina e até mesmo autonegação. Esses caminhos podem ser rigorosos e pouco realistas para o mundo moderno. Uma abordagem mais equilibrada é usar o corpo e seus impulsos naturais como forma de ganhar autoconhecimento e celebrar o nosso corpo físico diariamente.

Nosso corpo é como um querido animal de estimação. Quanto melhor cuidarmos dele e o amarmos, mais feliz e saudável ele será. Se você não cuidar de um animal, ele se tornará cada vez mais infeliz e inquieto. Se o alimentar com muita comida pesada, ou não lhe der comida suficiente, ou se você o negligenciar, ele vai sofrer. Estas são verdades óbvias, mas essenciais.

Quanto mais nos aprofundamos na Arte da Contemplação, mais vamos querer manter o nosso corpo tão puro quanto possível, pois um corpo puro leva a um estado de pura calma interior. Isso não significa que devemos ser austeros com nosso corpo ou nos preocuparmos demais com ele. Nosso corpo é o espelho da nossa experimentação. Se o colocarmos sob constante estresse, ele vai se rebelar ou entrar em colapso. Portanto, o corpo é como um conjunto de escalas afinadas com precisão. Com o tempo, precisamos aprender exatamente o que ele necessita para prosperar e entrar em perfeita harmonia.

Até agora, na nossa jornada contemplativa, exploramos tanto a mente quanto as emoções. O corpo físico é a base de ambas. Nossa química cerebral, nossos sistemas nervoso e imunológico, e todas as facetas da nossa fisicalidade estão primorosamente entrelaçadas. Somos um todo pulsante e reluzente. No corpo estão guardados muitos segredos. À medida que aprendemos a valorizá-lo, ele vai liberando esses segredos aos poucos. Nosso DNA é um labirinto de possibilidades inimagináveis. Somente trazendo corpo, mente e emoção em perfeita harmonia podemos desbloquear as possibilidades superiores latentes no nosso DNA. Então desfrutaremos de um nível de saúde radiante e percepção expandida que está atualmente adormecido. A Arte da Contemplação é o caminho suave que pode nos levar a esse estado de maravilhosa plenitude.

## O Corpo e as Estações – *Sintonização*

Uma das influências mais fortes na nossa contemplação são as mudanças de estação. Podemos começar observando que o corpo pulsa de acordo com ritmos planetários naturais. Dependendo de onde vivemos, esse dócil animal que é o nosso corpo se ajusta com naturalidade às cadências ambientais da vida ao nosso redor. A nossa localização dentro de um esquema mais amplo que inclui a posição das esferas do sol, da lua e das estrelas também oferece um ritmo sutil à nossa prática contemplativa pessoal. À medida que nos tornamos mais conscientes desses fatores sazonais e locais, podemos afinar a nossa própria contemplação e nos harmonizar com o nosso ambiente.

## Contemplação da Primavera

A cada primavera a terra desperta. À medida que os botões começam a se abrir e as criaturas ao nosso redor se tornam mais ocupadas e focadas no exterior, a nossa percepção segue naturalmente esse impulso. Com o retorno do sol, é natural acordar mais cedo com a luz. Temos tanto combustível para nossa contemplação! O som dos pássaros, o sol irradiando através das nuvens depois da chuva, o vigor da natureza é aparente em todos os lugares. No início da primavera, é altamente recomendado fazer uma pausa da atividade normal. Nessa pausa, que pode durar alguns dias, você pode ampliar a sua contemplação para o âmbito físico e limpar toda a sua vida de cima a baixo.

Esse também é um excelente momento para fazer contemplações de limpeza – descarregar velhos padrões, ideias e coisas que não precisamos ou usamos mais. Conforme a primavera se dirige à sua plenitude, você terá a maravilhosa sensação de estar recomeçando de um lugar de frescor e clareza. Isso também assegura que você fique menos propenso a se sobrecarregar mais para frente com a sua própria correria. A primavera também é o momento perfeito para fazer a prática da Contemplação Solar mencionada na parte final deste livro.

## Contemplação de Verão

Os meses de verão costumam ser o período que mais precisamos da prática de contemplação. Muitas vezes estamos muito ocupados e ativos, o que significa que paramos menos. Quanto menos pausamos, menos oportunidades temos para vivenciar momentos pivotantes, e é por isso que o verão geralmente leva a um acúmulo de calor no nosso sistema. Isso pode resultar em sobrecarga emocional, exaustão e outros problemas físicos. No verão, uma das melhores contemplações é simplesmente sentar ou deitar e se regalar ao sol ou à sombra. Você pode se inspirar no gato, um mestre desta técnica contemplativa. Se você trabalha muito dentro de casa, então cada pausa assume uma importância vital, pois ela sintoniza o seu corpo a seu ritmo natural, em vez de um ritmo imposto por ar condicionado ou iluminação artificial.

No verão, as contemplações mais naturais ocorrem quando estamos em movimento. Nesse sentido, caminhar, correr ou nadar pode nos proporcionar uma pausa bem-vinda e saudável. Talvez você goste de experimentar as contemplações ativas da parte final deste livro.

## Contemplação de Outono

O outono é o deleite contemplativo. É a época do ano mais adequada à Arte da Contemplação. No outono, as energias da Terra estão naturalmente se voltando para dentro, e isso também acontece com o nosso corpo físico. Devemos aprender a deixar suavemente de lado os frutos e memórias do verão e acolher esse voltar para dentro. Essa é a época do ano em que as condições para contemplação estão ótimas. À medida que a luz retrocede, os humores mudam e nosso biorritmo desacelera. Agora você pode prolongar suas pausas e deixar sua mente e seu coração mergulharem mais fundo e com mais frequência nos reinos interiores.

Para algumas pessoas, o outono é vivenciado como um momento de tristeza e, às vezes, depressão. A Arte da Contemplação pode ser um grande auxílio para esses sentimentos e estados porque ela aproveita de forma ativa e criativa a nossa tendência de olhar para dentro. Se você é afetado por esses estados, talvez goste de praticar a Contemplação Solar no epílogo.

## Contemplação de Inverno

O inverno é a grande celebração da vida contemplativa. Quanto mais profunda e refinada a sua prática de contemplação se torna, mais você vai apreciar e amar essa estação. O corpo precisa de mais sono, descanso e tranquilidade no inverno do que em qualquer outra época do ano. No hemisfério norte, infelizmente, devido ao estilo de vida moderno, essa costuma ser uma das épocas mais estressantes e movimentadas. Por ser uma pessoa contemplativa, você pode querer encarar de frente esse desafio da cultura *versus* química. Se você realmente se encontrar sob uma grande pressão, será preciso aumentar a frequência das suas pausas para manter um ritmo interno saudável.

Pausas curtas e regulares para respirar fundo podem literalmente reordenar um dia inteiro. À medida que a sua contemplação vai se tornando cada vez mais relevante, pode ser que você busque reorganizar sua vida para garantir que seu corpo receba o espaço interior silencioso necessário durante o inverno.

## Ritmos Equatoriais e Outros

Em muitos lugares da Terra, as estações não são tão óbvias quanto retratado acima. Onde quer que você more em nosso globo azul e verde, sempre existem sinais sutis e estações de algum tipo. Ao redor do equador e dos polos, por exemplo, encontramos ritmos muito diferentes. Em alguns climas, a estação chuvosa oferece uma pausa forçada que vem em um único período prolongado ou intercalada ao longo de um único dia, como na floresta tropical equatorial. Perto dos polos ou nos desertos, dia e noite tocam todo tipo de músicas circadianas pelas teclas da nossa química.

Em todos os lugares da Terra existe um ritmo natural de atividade e pausa, moldado pelos ciclos atmosféricos e pela geografia local. O seu trabalho é prestar atenção a esse ritmo enquanto ele brinca com a química do seu corpo, sintonizando e ajustando a sua prática de contemplação a essas diversas nuances sutis.

## Ritmo, Contemplação e o Relógio Corporal

A Arte da Contemplação é uma prática intensa cujas raízes vão fundo na nossa química física. No começo, você pode não perceber isso, pois nessa fase a aplicação dessas técnicas acontece em um nível mais superficial. Você também deve ter notado que a ordem deste livro passa da contemplação mental para a emocional, e só então para a física. Isso acontece porque a contemplação começa primeiro na mente. Em seguida, ela toca nossa vida emocional e nossos relacionamentos, promovendo cada vez mais clareza e calma. Finalmente, depois de algum tempo, a sua contemplação também trará mudanças ao seu corpo físico. Essas mudanças podem vir de muitas maneiras. Você pode descobrir que a sua dieta muda naturalmente para uma mais saudável que vai atuar no seu corpo físico. Você começará a tomar decisões enraizadas em amor-próprio, em vez de decisões que são autodestrutivas. A liberação de velhos padrões emocionais pela técnica Pivotar também traz uma maior sensação de liberdade e vitalidade. Toda a sua visão de si mesmo poderá mudar à medida que a sua contemplação for lhe proporcionando mais autossegurança e um sentido mais profundo de amor-próprio.

Todas as mudanças acima irão causar um impacto gradual e sutil na forma como seu corpo físico opera. Os efeitos prolongados da pausa regular e rítmica também colocarão você em um maravilhoso pulso harmônico com o batimento cardíaco da vida. Enquanto as pessoas passam por você em um turbilhão de atividade e estresse, você vai se sentir mais comedido, majestoso e independente do que nunca. Outra área importante que se modifica à medida que nos tornamos mais centrados é o nosso sono. Cada pessoa tem os seus padrões de sono particulares. Muitas sofrem com a falta de sono ou padrões de sono perturbado diante do estilo de vida moderno. A contemplação pode resolver essas dificuldades, pois ela nos sintoniza com o nosso próprio relógio biológico natural. O corpo físico, composto principalmente por líquidos, segue o ritmo natural da maré. A maioria das pessoas não sabe disso. Toda vez que você pausa, você dá a si mesmo uma oportunidade de se estabilizar nesse pulsar interno e profundo. O fluido intracelular que entra e sai das células do nosso corpo está pulsando e fluindo sem parar. Se você fosse capaz de ouvir interiormente como esse processo soa, seria semelhante ao suave quebrar das ondas na praia.

A contemplação tem como objetivo sintonizar o nosso corpo como um todo, as emoções e a mente, a esses ritmos de serena suavidade. Nosso sentido de sincronia interna e externa se modifica. Nós nos encontramos, cada vez com mais frequência, no lugar certo e na hora certa. É fascinante observar como nosso relógio corporal muda à medida que refinamos a nossa prática contemplativa. Às vezes, você pode acordar sem querer no meio da noite, envolto por um lindo estado de paz, que pode ser aprofundado pela contemplação consciente, até cair naturalmente de volta no sono. Na maioria das vezes, ao acordar no dia seguinte, o mesmo sentimento de serenidade vai acompanhar você por todo o seu dia. Muitos são os mistérios que surgem da Arte da Contemplação.

## A Terceira Técnica – *Integrar*

Ao escrever este livro, fez-se uma tentativa de descrever e quebrar um processo que é inerentemente misterioso e essencialmente intuitivo. Contemplação é acima de tudo uma arte. Por ser uma arte, ela desafia qualquer explicação fácil. Existem estágios e marcos tangíveis ao longo do caminho, como a técnica Pausar. Qualquer um pode criar pausas no dia a dia, mas como *você* pode tirar proveito dessas pausas? Para causar uma experiência de Pivotar, será preciso ir muito além do que simplesmente fazer uma pausa. Pivotar é tanto uma mudança de percepção quanto um ato sutil de vontade. Você deve ter um profundo desejo de vivenciar *mais* a vida. Assim como Pivotar flui de Pausar, *Integrar* flui de Pivotar. Pivotar é o campo da transformação, enquanto Integrar é a aplicação consciente dessa transformação nas diversas áreas da nossa vida.

Integrar envolve penetrar mais fundo do que nunca na vida, no mundo, *em direção* aos outros. É um estado de floração e um acolhimento de todas as facetas da vida. É o limiar da nossa maestria. Integrar é o coração da contemplação. É uma atitude inabalável que desenvolvemos em relação a tudo e a todos ao nosso redor. Não importa o que aconteça, qualquer coisa que o destino nos traga, nós a recebemos conscientemente, em total espírito de confiança, para nos integrar *a ela*.

Você não pode se integrar a algo ou alguém a menos que já tenha desenvolvido um amplo espaço de abertura no seu íntimo. Se tentar se integrar a uma pessoa sem esse espaço interno, você vai ficar emaranhado a ela. Essa é uma história muito comum nas relações humanas. Nós nos confundimos com as histórias dos outros, e eles se confundem com as nossas. Essa também é a narrativa de muitos dos nossos dramas diários. Nós entramos em algum tipo de experiência, empreendimento ou crise, e depois nos envolvemos involuntariamente na sua trama. Essas vivências nos aprisionam e roubam a nossa energia. Essa não é uma forma saudável de Integrar. Isso é codependência.

A verdadeira integração acontece como um ato consciente de amor. É o resultado de muitas pausas e pivoteios. Integrar não acontece em um único evento, como Pivotar. É uma nova visão de mundo que se expande em nós à medida que a nossa contemplação se aprofunda e estabiliza. Integrar é um amadurecimento da nossa alma – abarcando tudo o que pensamos, dizemos e fazemos. É como se tivéssemos deixado nossas raízes se espalharem por todas as fendas do mundo. Não há nada do que fugir, nem ninguém de quem guardar rancor, ter inveja ou a quem evitar. Porque Integrar se origina dessa ampla sensação de espaço, nada pode se ater a ela. É por isso que nós não perdemos a nossa identidade individual na verdadeira integração. Em um paradoxo maravilhoso, a nossa individualidade se torna mais esplêndida e também mais humilde. A vida flui ao nosso redor e vai nos polindo, como o verde rio vai alisando as pedras douradas. Nesse sentido, Integrar não é realmente uma técnica. Pelo contrário, Integrar é transcender a técnica.

## Como Integrar

É claro que gostaríamos de saber como fazer a experiência de Integrar acontecer. Mas Integrar é o fruto da sua contemplação, cuja semente é Pausar, e a flor, Pivotar. O fruto vem no seu próprio tempo, caindo da árvore apenas quando estamos maduros. No entanto, existem três princípios que ao serem praticados poderão facilitar muito a sua experiência de Integrar.

### 1. Generosidade

A vida nos oferece constantemente a oportunidade de sermos generosos. Podemos ser generosos com nossos recursos, com nosso tempo e, acima de tudo, com nosso espírito. Acolher o espírito de generosidade em tudo o que se faz é se colocar a serviço do todo. Ser generoso é ser um canal para todas as ricas correntes da vida. Como um grande carvalho, você irá atrair todo tipo de criaturas sob seu abrigo acolhedor.

A generosidade pode ser muito sutil. A maior forma de generosidade é a não percebida. Por exemplo, uma pessoa pode tratar você com grande injustiça e/ou enganá-lo. Em vez de correr para defender a sua honra e entrar em conflito com essa pessoa, você pode optar por se render à experiência e contemplar a lição mais profunda oferecida, que talvez seja um convite para deixar algo ir. As pessoas normalmente esperam uma defesa quando lançam um ataque, mas, às vezes, você pode mudar essas situações dentro de si mesmo, e a sua resposta pode ser gentil e generosa, em vez de orgulhosa e reativa.

Para alguns, a generosidade excessiva também pode ser uma fuga do amor-próprio. Podemos ficar presos em padrões de excesso de compromisso a ponto de permitir que os outros abusem de nós. Nesse sentido, a base da generosidade são limites pessoais firmes. Como um rio com margens fortes, também precisamos de delimitações saudáveis para direcionar a corrente da nossa generosidade de uma forma que sirva tanto aos outros quanto a nós mesmos.

Tudo na vida, especialmente nossos pequenos eventos e atividades diárias, podem abrir espaço para a generosidade. No final de cada dia, faça um inventário da sua generosidade, começando com si mesmo. Veja as maneiras pelas quais você tem sido generoso e as maneiras como poderia ter sido ainda mais. A generosidade nos aproxima dos outros, o que nos leva a vivenciar a alegria e o prazer de Integrar.

## 2. Amizade

Os grandes poetas de amor da tradição Sufi cantam infinitamente em suas rapsódias místicas sobre a maravilha de Integrar. Eles se referem a esse estado como *o amigo*. Para esses místicos, tudo é visto como um amigo. Cada ato, situação, objeto ou pessoa é acolhido como uma oportunidade para vivenciar a unidade inerente a todos os seres. Ver tudo como amigo causa o efeito imediato de nos aproximar do mundo. Você ganha mais intimidade com pessoas e coisas. E mesmo que o outro não retorne a sua oferta de amizade, isso não importa. A amizade é uma extensão incondicional da generosidade do seu espírito.

Quando você estiver em uma situação desafiadora, procure vê-la como se a vida estivesse oferecendo um aprofundamento da sua amizade. Como na arte marcial japonesa Aikido, quando o desafio vier, vá ao encontro dele sem hesitar. Curve-se diante dele e ofereça a sua mão amiga para poder redirecionar essa energia, em vez de se tornar uma vítima dela. Toda vez que fazemos uma pausa e assimilamos algo em um nível mais profundo, damos a mão para a vida em amizade, e uma parte de nós se integra à outra parte do mundo.

Finalmente, na era moderna da informação, temos a tendência de manter muitas conexões, mas poucos amigos de verdade. Portanto, cultive as suas verdadeiras amizades com generosidade. Dê o máximo de tempo possível para as relações nas quais você consegue vivenciar o sentimento de integração. Pratique a profunda arte do *haragei* – o diálogo entre amigos que se desdobra tanto no silêncio quanto com as palavras. Um verdadeiro amigo é um precioso achado. Passar um tempo com um amigo é como encontrar um lugar lindo em uma clareira secreta no meio da floresta. O que poderia ser mais importante do que ter tempo para descansar e desfrutar de um lugar tão especial?

### 3. Suavidade

Já vimos a importância do papel da suavidade quando exploramos a técnica Pivotar. Aqui novamente, em Integrar, a suavidade é essencial. Nas tradições antigas da Índia existe uma virtude conhecida como *ahimsa*. Embora muitas vezes equiparada à compaixão, *ahimsa* também transmite a noção de não-ofensa e não-violência em tudo aquilo que você faz na vida. Corporificar esse conceito é alcançar um estado muito elevado de autodisciplina. *Ahimsa* significa que aprendemos a ser suaves não apenas externamente, mas também com nós mesmos. Embora possa ser vista como delicada e fraca, a suavidade é uma das forças mais poderosas do Universo. A verdadeira suavidade significa que aprendemos a balancear nossas palavras, pensamentos e ações.

A técnica Integrar repousa sobre a rocha da suavidade. Quando somos gentis com os outros, isso não quer dizer deixar que passem por cima de nós. Significa apenas que, quando decidimos tomar uma posição sobre qualquer coisa, fazemos isso respeitando os outros. Ao adicionar um toque suave às nossas ações diárias, arredondamos arestas e incentivamos sorrisos em vez de caras fechadas. A suavidade simplesmente facilita a vida.

A prática mais desafiadora da suavidade é aplicá-la a si mesmo. Integrar requer deixar de lado os nossos autojulgamentos e parar de ser tão duros com nós mesmos. Podemos continuar aspirando pelos mais altos padrões, mas ainda assim nos perdoar por nossas falhas. A suavidade é uma qualidade natural a todas as formas de cuidado no desenvolvimento infantil. Às vezes, quando nos deparamos com alguma violência ou injustiça, lembrar da criança ferida que sempre está por trás de tudo é de grande ajuda. Para ter uma experiência de integração, temos que ser pais compassivos, sabendo empregar um equilíbrio de firmeza e suavidade, de liberdade balanceada com limites naturais.

## A Potência Paradoxal de Integrar

Quando você começar a contemplar e empregar os três simples princípios acima, tudo vai mudar na sua vida. Se, por exemplo, você começar a usá-los nos negócios, toda a sua estratégia pode se modificar depois que você considerar as consequências das suas ações sobre os outros e sobre o meio-ambiente como um todo. Não existe disciplina mais árdua do que a suavidade, nem tarefa mais difícil do que a generosidade, assim como não existe nada mais esclarecedor do que a amizade. Nos antigos ensinamentos taoístas da China, os sábios frequentemente falavam do paradoxo da suavidade da água. A própria qualidade que faz com que a água seja fraca – sua entrega – é o poder que a faz derrotar todo o resto, da rocha mais dura ao fogo mais furioso.

Integrar transmite esse mesmo paradoxo. À medida que aprendemos a Integrar, aprendemos a confiar em tudo que a vida nos propicia. Nós nos entregamos à ela, deixando-a nos abrir, e até mesmo nos despedaçar, se for necessário. Às vezes, nossos sonhos são os sonhos errados. Eles podem conter um grão de verdade em sua origem, mas, de vez em quando, a nossa mente, ou ego, também impõe seu próprio interesse sobre as nossas ações. Pode ser um choque se dar conta de que algumas vezes estamos tentando forçar que algo aconteça há anos, apenas para perceber que existe um caminho muito mais fácil e gratificante esperando por nós em outro lugar.

É preciso uma grande força interior para ser aberto, honesto e vulnerável. Não precisamos ostentar a nossa vulnerabilidade, mas também não precisamos escondê-la. Quando podemos mostrar a nossa humanidade, imediatamente começamos a atrair a confiança dos outros. Integrar aproxima as pessoas. Seu propósito é suavizar as fronteiras da ilusão entre o interior e o exterior, entre eu e os outros.

## A Terceira Confirmação – *Epifania*

Cada uma das três confirmações são sinais de que a nossa prática de contemplação está se desenrolando tranquilamente. O Lampejo começa na mente, a Descoberta tende a ser mais emocional e, finalmente, a *Epifania* é um poderoso fenômeno físico que abala todo o nosso ser. Epifania é a mais poderosa das três confirmações e, no início da prática, ela é relativamente rara. A Epifania acontece quando a dinâmica de Integrar se intensifica e derrete espontaneamente as paredes ao redor do nosso coração, deixando a vida fluir desimpedida para dentro de nós. Nesse momento, podemos sentir um certo êxtase surgindo como uma onda pelas células do nosso corpo. A maioria de nós já vivenciou uma Epifania. Um dos objetivos da contemplação é aumentar a frequência dessas experiências na nossa vida.

Contudo, a Epifania não é um auge, mas um momento de profunda integração no qual a nossa alma se recorda do propósito maior da existência. O poeta romântico inglês William Wordsworth chamou esses momentos fascinantes de *pontos de tempo,* e ele ainda nos diz como podemos nos fortalecer com eles. Na verdade, epifanias são eventos muito naturais que não nos levam para longe nas alturas em voos de fantasia, mas nos atraem para as profundezas internas do nosso corpo como jamais vivenciamos antes. Epifanias emergem fora do tempo, quando a nossa mente e o nosso coração estão em repouso depois de termos cultivado um profundo amor por Pausar. Elas começam a acontecer em um estágio mais avançado de contemplação quando Pausar deixa de ser algo que *fazemos* conscientemente e se torna uma parte de nós, como o momento de quietude entre as respirações.

A Epifania nos preenche e nos esvazia. É um caminho de corporificação no qual finalmente a nossa contemplação foi aperfeiçoada em arte. Arte significa que transcendemos toda a técnica. Agora não *fazemos* mais a contemplação – é ela que *nos faz.* Esse é o mistério que está no fim do arco-íris da nossa simples prática de pausar um pouco todos os dias.

## Aplicando Integrar –
### *Perspectiva, Humor e Leveza*

A aplicação da técnica Integrar no nosso cotidiano tem o delicioso efeito de aliviar qualquer peso que carregamos ao longo da vida. Integrar nos dá uma perspectiva mais ampla e verdadeira, lançando uma nova luz sobre tudo o que chamamos de problema. Um ingrediente vital da vida contemplativa é o senso de humor. O humor começa quando aprendemos a rir de nós mesmos e do nosso excesso de seriedade. Quando você toca o essencial na vida, todo o resto entra em perspectiva, e a contemplação nos leva naturalmente à essência das coisas. Coisas que costumavam parecer importantes começam a sumir. A necessidade de estar certo, ou de sempre expressar a sua opinião e ser ouvido parece menos importante pelo prisma da contemplação. O que se torna mais importante é se conectar com as pessoas, ouvir seus corações e desfrutar da companhia delas o máximo possível neste breve tempo que temos na Terra.

Antes e durante a Segunda Guerra Mundial, quando as vítimas aterrorizadas do regime stalinista se viram presas em trens de carga, indo em direção aos *gulags*, um personagem se destacou de todos os outros – o comediante. Entre tantas pessoas miseráveis, de vez em quando aparecia uma que conseguia fazer piadas apesar da terrível situação. Muitas eram às custas de seus captores, causando risadas e sorrisos inesperados. Acima de tudo, esses comediantes lembraram a todo mundo que mesmo na noite mais escura pode haver reflexos de luz e calor entre as pessoas. A Arte da Contemplação nos ensina a almejar essa preciosa e vital dádiva da leveza. Às vezes, quando as nuvens se acumulam e nos pressionam, ou quando nossas sobrancelhas fazem rugas na testa, só o que precisamos é dessa sensação de uma perspectiva mais ampla. A contemplação nos lembra que a vida possui uma maneira de resolver a si mesma, muitas vezes revelando um propósito superior escondido por trás dos acontecimentos da vida.

## A Recompensa de Integrar – *O Corpo do Ser*

Na tradição mística cristã há um termo maravilhoso chamado *quenose*, que literalmente significa "esvaziar-se". Embora semelhante à catarse, a quenose nos oferece uma abordagem muito mais delicada. Enquanto a catarse está associada a uma dramática, e muitas vezes explosiva, liberação de tensão emocional ou angústia, a quenose é um caminho mais suave e sutil de transformação interna.

A essência da quenose é a paciência. Você contempla e espera. Você assiste às ondulações se movendo constantemente para fora – seus pensamentos, ideias, sentimentos, perguntas e confusões. Um dia você se depara com um lugar vazio maravilhoso. Todas essas questões simplesmente se dissolvem dentro de você por conta própria. A contemplação é quenótica dessa forma – ela esvazia o seu ser. Primeiro os pensamentos se esgotam, depois os sentimentos, então até a sua vontade de entender se esvai, e você fica simplesmente lá, descansando na sua essência.

No final de sua épica busca poética pela verdade e pela paz, o grande poeta austríaco Rainer Maria Rilke vivenciou esse sentimento de quenose, que ele registrou nas imortais palavras:

> *Olha, estou vivendo. De quê?*
> *Nem a infância nem o futuro se tornam menores. . .*
> *Um ser superabundante cresce em meu coração.*

A recompensa por todos os anos investidos em refinar a Arte da Contemplação é apenas para isso – retornar à pureza do seu verdadeiro ser – conscientizar-se da sua própria plenitude e, portanto, estar totalmente à vontade no seu corpo e no mundo. Em todas as grandes tradições místicas, o fim da jornada sempre envolve um retorno ao mundo, seja carregando água e cortando madeira, ou vivendo uma vida integrada e pacífica na sociedade moderna. A recompensa de Integrar é uma vida sem medo, dúvida ou angústia – uma vida de simplicidade, beleza e muita prosperidade.

# TÉCNICAS PARA
# A PRÁTICA DIÁRIA

## Contemplação em Ação –
### *A Estrada para a Automaestria*

Agora você tem em suas mãos o roteiro de um novo tipo de vida – uma vida repleta de potencial e um caminho claro a seguir em direção à automaestria. A única coisa que resta a ser feita é seguir o roteiro e levá-lo para o seu dia a dia. Existem muitas maneiras de trilhar o caminho da contemplação. Trabalhar com este livro é a mais óbvia. Os conceitos apresentados podem parecer simples, mas eles contêm profundidades ocultas que continuarão a emergir, delicadamente, conforme você relê o texto, contemplando-o por um bom tempo.

A seção final deste livro estabelece algumas maneiras e meios adicionais para aplicar a Arte da Contemplação na sua vida. Existem muitas técnicas específicas que você está convidado a adaptar, adornar ou usar como inspiração para encontrar a sua própria abordagem contemplativa – uma que se adapte ao seu estilo de vida particular. Você também está convidado a colocar o seu espírito de brincadeira e imaginação para combinar essas técnicas. Afinal, esse é o propósito deste livro – tirar a Arte da Contemplação do papel, da nossa mente, e colocá-la em ação no mundo.

Qualquer coisa pode ser usada como um meio para adentrar o campo da contemplação, com o potencial de aprofundar ou aumentar o seu foco em qualquer empreendimento ou atividade.

Acima de tudo, as técnicas a seguir estão projetadas para levar a sua vida a uma dimensão totalmente nova. Elas são portais para o profundo mistério que está logo abaixo da superfície da nossa vida cotidiana. Ao experimentar essas técnicas e inová-las com as suas, é importante lembrar o propósito central de todos os caminhos contemplativos – abarcado tão lindamente em uma frase de Moinuddin Chisti, um reverenciado e antigo santo islâmico, que vale a pena contemplar:

> *Desenvolver uma generosidade como a do rio, um afeto como o do Sol e uma hospitalidade como a da Terra.*

## Wu Wei – *Ação Sem Esforço*

Como você pode ver, muitas recompensas brotam de uma prática dedicada de contemplação. A recompensa final diz respeito à forma como agimos no mundo. É a contemplação gerando ondas na sua vida exterior. Além de se tornar mais paciente, você também vai ficar mais decidido. Você vai aprender quando e como agir de forma adequada de acordo com as circunstâncias. Na China existe uma antiga sabedoria taoísta conhecida como *wu wei* – que se refere ao conceito de *ação sem esforço*. Ação sem esforço é a integração da razão comedida com o lampejo intuitivo.
*Wu wei* é a recompensa máxima da contemplação, e longe de ser algum conceito místico arcaico, ele é extremamente prático em sua natureza.

Todos os dias nos deparamos com milhares de decisões – decisões físicas, como o que comer, decisões emocionais, como a forma de lidar com a sua raiva ou a do outro, e decisões mentais, como completar com sucesso uma tarefa no trabalho. Imagine agora que todas essas decisões são tomadas para você por um mestre interior, um ser sábio e compassivo com uma habilidade excepcional para ler cada situação que emerge e responder de acordo. Isso é *wu wei*.

A contemplação também nos ensina a dizer não de coração aberto. Às vezes, a nossa intuição nos leva em uma direção que pode decepcionar as expectativas ou os desejos dos outros. Nesses momentos precisamos ter absoluta certeza da nossa decisão para não nos tornarmos vítimas da culpa. Podemos usar gentileza e gratidão, mas a nossa decisão permanece clara e em sintonia com uma harmonia maior. Não precisamos nos desculpar ou tentar inventar explicações para que o outro não se sinta mal. É melhor simplesmente falar de coração aberto e com honestidade. Nem sempre conseguimos ver os resultados dessas decisões até bem mais para frente, mas podemos sentir sua veracidade dentro de nós no momento em que são feitas. A longo prazo, essas serão as melhores decisões para todos os envolvidos.

A contemplação nos ensina a trilhar o delicado equilíbrio entre ação e inação, guiando-nos a partir do poder das nossas pausas. Todas as decisões importantes precisam de pausas para reflexão. Algumas vezes, porém, uma ação também precisa ser feita de imediato, sem nos dar ao luxo de uma pausa física para refletir. Para serem harmoniosas, essas ações devem surgir de uma visão de mundo enraizada na bondade e no altruísmo nutrida ao longo de muitos anos de prática contemplativa. Essa é a grande colheita da contemplação – agir sem esforço, sem ansiedade, culpa ou dúvida – deixar a vida fazer suas escolhas através de você, enquanto você permanece apenas uma testemunha do carnaval de maravilhas que é a sua existência.

## Contemplação em Movimento

Existe uma longa tradição que conecta a contemplação a todas as formas de movimento. Feito em um estado contemplativo, o movimento se torna ritualístico e o transforma em uma espécie de teatro sagrado. Tudo o que você faz – seja por passatempo ou vocação – pode ser transformado em uma dança contemplativa. Quando entramos no estado contemplativo, a nossa respiração se aprofunda e a nossa mente começa a se esvaziar. Aprendemos a encontrar pausas cada vez mais sutis – as pausas entre as respirações e os espaços e descansos naturais que surgem em qualquer atividade. Acima de tudo, podemos começar a ver a própria atividade como uma pausa, e a nossa mente descansa enquanto nosso corpo se movimenta.

A contemplação explora a fonte da criatividade que reside em cada um de nós. Quando estiver realizando qualquer tarefa, tente fazê-la como se fosse a última que irá realizar antes de morrer. Quando fizer isso, ela se tornará única. Mesmo que você possa executá-la mil vezes, nunca será a mesma tarefa, sempre lhe surpreendendo e encantando de alguma forma.

Realizar atividades diárias no espírito de contemplação é mais do que simplesmente estar atento. É elevar essa tarefa à esfera da arte. O segredo da contemplação em movimento está na inteligência sensitiva das mãos. Em vez da mente, deixe as suas mãos guiarem como você se move. Leve toda a sua percepção para suas mãos e observe-as como se fossem duas borboletas dançando. Quanto mais atenção der às suas mãos, mais gracio-sos seus movimentos irão se tornar. Imagine que você não tem corpo, só duas mãos se movendo ao longo do dia.

## Contemplação Caminhando

Poucas coisas na vida são tão curativas para o espírito humano quanto caminhar. Mesmo sendo algo que a maioria de nós faz todos os dias sem dar a mínima atenção, caminhar é uma opor-tunidade para entrar em profunda harmonia rítmica em um curto espaço de tempo. Enquanto caminha, sinta a terra macia sob seus pés. Sintonize-se com os seus movimentos e deixe seu corpo encontrar um ritmo natural e fácil. Em vez de correr de A para B, tente deixar mais tempo para poder passear e se divertir. Use a caminhada para sentir a sua respiração entrando e saindo do seu corpo e se delicie no seu próprio movimento.

Você também pode usar a caminhada como uma forma de contemplar conscientemente um determinado assunto ou desafio. As caminhadas têm um começo e um fim, então, você pode deliberadamente sair para caminhar e deixar que o ritmo do seu movimento libere o ritmo do seu pensar e do seu sentir. Como Santo Agostinho disse em suas famosas palavras *Solvitur Ambulando* – caminhando se resolve. Às vezes, só de fazer uma caminhada voltamos com uma resposta para algo que estávamos remoendo. Você também pode aplicar isso a uma caminhada com um amigo. Se sentir a necessidade de uma intimidade ou conexão mais profunda com uma determinada pessoa, convide-a para uma caminhada e deixe o espaço contemplativo surgir entre vocês. Dois corpos e almas se movendo juntos criam um espaço ideal para pausar, pivotar ou integrar.

## Contemplação na Corrida

Correr é uma forma de exercício que pode ser praticada em qualquer idade, desde que você tenha um nível básico de mobilidade e saúde. É um exercício muito adequado à contemplação, embora de uma forma bem diferente da caminhada. Correr exige um esforço considerável que bombeia o sangue pelo coração e libera endorfinas no corpo. Junto com o ritmo da nossa respiração, essas mudanças químicas criam as condições ideais para pivotar – ver e sentir um padrão antigo de uma nova maneira. Correr muitas vezes requer passar por vários níveis de desconforto, especialmente se estiver correndo em uma paisagem montanhosa ou acidentada. Às vezes, o maior esforço é simplesmente decidir correr quando você não está com disposição. Por nos oferecer um espelho físico da nossa vida, essa vontade de superar a inércia pode fazer maravilhas pelo nosso espírito, sem falar da saúde física e emocional.

Outro aspecto importante da corrida é a conexão com a paisagem e a cultura em que você vive. Mesmo na cidade, é importante não usar fones de ouvido, que só o isolam mais do seu ambiente. Ao correr, podemos inspirar o todo à nossa volta com todos os seus sons e aromas. Essa talvez seja a forma mais pura de exercício dinâmico que podemos fazer, embora existam vários outros tipos, como a natação e o ciclismo, que oferecem oportunidades contemplativas semelhantes. Existe uma grande diferença entre aquele que corre apenas pela saúde e aquele que corre por contemplação. O corredor contemplativo não precisa competir com nada nem ninguém. Ele corre porque adora estar no campo da transformação e liberdade. Outro benefício desse estilo de corrida é que ele raramente causa lesões porque está enraizado em sentir o ritmo da vida sem impor a vontade sobre o corpo.

## Contemplação no Esporte

A correlação entre o esporte e a Arte da Contemplação está na dinâmica entre ritmo e foco. Todo esporte depende de estarmos alinhados com o ritmo interno que vem do nosso centro vital. Todo esportista já teve, em algum momento, a experiência de estar em uma zona de foco em que seu movimento acontece perfeitamente sem esforço. Esse é o motivo inconsciente mais provável que nos faz sentir atração pelo esporte – vivenciar, por meio do movimento e da coordenação, o sentimento entusiasmante de profunda harmonia e perfeição. O propósito da contemplação é justamente nos alinhar a esse estado interno paradoxal de foco e entrega. Seja qual for o esporte que você pratica, quer ele exija a participação individual ou fazendo parte de uma equipe, a contemplação aumentará muito o seu sentido de sincronia, fluidez e foco.

Sempre que estiver engajado no esporte, leve a sua atenção o máximo possível para o estado contemplativo. Quanto mais você cultiva a quietude contemplativa fora do esporte, mais fácil será tocá-la quando estiver em pleno movimento. Quando você se encontra cada vez mais naquela zona mágica de foco onde tudo se reúne em perfeita sincronicidade, os resultados podem ser surpreendentes.

## Contemplação Sentada

*Muito preguiçoso para ser ambicioso,*
*Deixei o mundo cuidar de si.*
*Dez dias de arroz em minha sacola;*
*Um pacote de lenha perto da lareira.*
*Para que falar de ilusões e iluminação?*
*Ouço a chuva da noite em meu telhado,*
*Sento-me confortavelmente, as pernas esticadas.*

Ryokan

O poema acima do Mestre Zen Ryokan captura perfeitamente o espírito da contemplação sentada. Menos formal do que a meditação com foco na postura e na técnica, a contemplação começa exatamente do lugar onde estamos na nossa vida. Quando fizermos essa contemplação, devemos nos sentar confortavelmente. Também não é necessário ter uma ideia formal do que vamos contemplar. Se tivermos uma ideia, tudo bem, e se não, tudo bem também. Contemplação sentada é sobre criar um espaço para que nosso guia ou mentor interno possa se manifestar. Com o tempo, essa prática pode tomar muitas formas, mas não precisa ter nenhum objetivo específico. Conforme a sua prática contemplativa vai se aprofundando naturalmente, você vai se sentir cada vez mais atraído pela contemplação sentada, pois ela oferece a oportunidade de vivenciar muitos estados internos de prazer e serenidade. Muitas das contemplações compartilhadas neste livro são adequadas para fazer sentado.

## Um Espaço Limpo

Uma das marcas da contemplação é a simplicidade. Ao aprender a contemplar, você também aprende a ir simplificando a sua vida. Quanto menos fora de ordem a sua vida externa estiver, menos desordenada a sua mente irá se sentir. Portanto, essa contemplação é sobre arrumar a sua vida. Escolha um espaço ou quarto que você habite e se discipline para limpá-lo, literal e energeticamente. Pegue os vários objetos e pergunte a si mesmo se eles são essenciais para você. Imagine que está apresentando alguém à Arte da Contemplação, e a primeira coisa que você vai mostrar a eles é essa sala. Limpe, tire o pó e varra tudo até ela brilhar com o espírito da simplicidade. Recrie esse espaço para ser um espelho do espaço interno que você deseja cultivar.

Com o tempo, você poderá realizar essa contemplação em muitos espaços e de muitas outras maneiras. Também pode ser um presente que você ofereça às pessoas, ajudando-as a limpar seus espaços. Essa contemplação é um processo e uma recompensa, e a recompensa também pode ser encontrada no processo. Ela também é uma disciplina que você pode manter, especialmente se compartilhar seu espaço com os outros, principalmente crianças. Ordenar e limpar um espaço pode deixar de ser uma obrigação e se transformar em uma bênção quando se torna uma parte integrante da sua contemplação diária.

## Servir Chá

Na China, Taiwan e Japão há uma antiga tradição na qual o ato de servir chá é um símbolo da profundidade e beleza do estado contemplativo. Em alguns aspectos, a cerimônia é uma metáfora de como podemos viver a nossa vida. Na verdade, qualquer atividade que envolva servir aos outros pode ser imbuída com a mesma profundidade da arte de servir o chá. Hoje em dia, o chá continua sendo o líquido mais bebido no mundo depois da água. A beleza do chá é a sua simplicidade, por isso ela é a verdadeira bebida do contemplador. Tradicionalmente, o chá é feito em uma chaleira pequena e bebido em pequenas xícaras ou tigelas, podendo ser preparado várias vezes em uma única sessão. Cada vez que a água quente é adicionada, as folhas liberam outro nível de sabor e nuance. Aqueles que bebem o chá são transportados em uma jornada contemplativa conjunta que leva a espaços cada vez mais sutis e refinados. Todo esse processo pode ser feito de maneira formal, em silêncio, ou informal, apenas desfrutando da companhia mútua. Onde quer que esteja no mundo, esse é um ritual contemplativo que você pode aprender e compartilhar a qualquer momento com qualquer um.

## Contemplação Urbana

Pode ser tentador acreditar que é mais difícil ser contemplativo em um ambiente barulhento e movimentado como uma cidade ou metrópole. Essa contemplação urbana é um tanto incomum, e talvez até um pouco atrevida, mas pode mudar totalmente a sua experiência em lugares movimentados. Isso requer separar um tempo específico para estar em um ambiente urbano ou cheio de movimento apenas pela contemplação. Vá deliberadamente para um lugar onde geralmente se sente sobrecarregado ou estressado – pode ser uma feira cheia de gente, um supermercado, um shopping center, um terminal de ônibus ou até mesmo um aeroporto.

Seja a única pessoa ali sem nenhuma outra razão a não ser aprofundar o estado contemplativo. Encha um carrinho de compras só para esvaziá-lo depois, fique em uma fila sem motivo, ou apenas sente-se em algum canto e veja as pessoas fazendo suas coisas. O objetivo dessa contemplação é estar totalmente calmo nesses espaços, apenas respirando profundamente e desfrutando da sua própria presença, como um ator no palco da vida. Quando fizer isso e encontrar a paz dentro de si mesmo, da próxima vez que estiver naquele lugar, ou em outro semelhante, poderá ir direto ao ponto de referência que você criou e acessar esse mesmo sentimento de paz e desprendimento.

## Contemplação Alimentar

Tudo o que você come ou bebe é harmônico na natureza. A comida altera a nossa química a partir do momento em que entra na nossa corrente sanguínea. Portanto, a comida que escolhemos comer e a maneira como a comemos influenciam muito a nossa contemplação. Um bom hábito a se desenvolver em torno do alimento é sempre fazer uma pausa antes de selecioná-lo e levá-lo à boca. Às vezes, nossa fome nos leva a ingerir coisas das quais nos arrependemos depois. Quando olhar para a comida, contemple como ela vai fazer você se sentir depois de comê-la. Comer certo na hora certa é como ouvir uma música que amamos, e preparar a sua própria comida é como tocar um instrumento musical.

A preparação do alimento é uma antiga forma de alquimia. Alimentos preparados em um estado de espírito contemplativo serão reconfortantes tanto para o corpo quanto para a alma. Outra coisa importante sobre a comida é ter cuidado com a alimentação quando não estamos com fome. Hoje em dia, quando todo tipo de comida está tão prontamente disponível, nossos sentidos são bombardeados o tempo todo por um excesso de oferta e cheiro de comida. Muitos de nós podem estar comendo demais e com mais frequência do que o necessário.

A Arte da Contemplação torna você imune à sedução do excesso, celebrando, ao mesmo tempo, a maravilha do sabor e a festa dos sentidos.

## Contemplação Musical

Como a comida, a música é um tipo de nutrição que alimenta a alma. A contemplação pode ser aprimorada tocando ou ouvindo a música certa na hora certa. Às vezes, a música certa pode fornecer o prelúdio perfeito para o estado contemplativo. Assim como na culinária, selecionar a música ideal para harmonizar com um humor e ambiente específicos é uma arte sutil que podemos aprender a dominar. Parte dessa maestria também está em saber quando desfrutar do silêncio. O silêncio é a fonte de onde flui toda contemplação, e quanto mais você se aprofunda na sua prática, mais a música do silêncio irá crescer dentro de você.

## Delongar

Uma coisa que você deve ter aprendido lendo este livro é que a Arte da Contemplação não é uma arte rápida. Seu maior presente é nos lembrar de como desacelerar e apreciar cada momento que passa com todo o nosso potencial. Delongar é a atitude de saborear experiências agradáveis ou edificantes. Menos uma técnica e mais um hábito a se desenvolver, a arte de delongar pode ser aplicada a muitas situações. Quando delongamos, estendemos a nossa pausa um pouco mais do que a nossa mente nos diz ser suficiente. É como ser a última pessoa a deixar o cinema depois de um filme muito bom. Delongar é sobre se sintonizar aos convites que a vida nos oferece todos os dias. Talvez um cachorro se aproxime e lamba seu pé. Você faz uma pausa e dá a ele toda a sua atenção por alguns instantes. Talvez o sol saia por trás de uma nuvem enquanto você está ocupado fazendo compras. Em vez de ignorá-lo, delongue um pouco e sinta a luz dourada acariciando seu corpo. Delongar não precisa fazer você se atrasar para compromissos. Pode ser apenas alguns segundos ou algumas horas entre amigos. A lição importante de delongar é aprender a se abrir para a vida em níveis cada vez mais profundos. Finalmente, para delongar também é preciso estar sintonizado aos sentimentos dos outros – se exagerar, pode acabar abusando a sua estadia!

## Contemplação do Riso

Embora existam exercícios que ajudam a promover o riso, a alegria que acompanha uma risada profunda e espontânea que vem lá da barriga não pode ser planejada ou praticada. A própria beleza do riso está no inesperado. Mas também podemos contemplar o ambiente e as ocasiões que nos fizeram rir no passado. Quando você sabe o que e quem consegue provocar seu riso, você pode criar essas condições de novo. Se, por exemplo, você sempre ri com uma certa pessoa, então considere passar mais tempo com ela. Em quais ambientes você costuma rir mais? Procure recriá-los. Isso pode soar como uma coisa óbvia de se fazer, mas muitos de nós se esquecem de se presentear com esses prazeres simples. Parte do nosso compromisso no caminho da contemplação é garantir que a nossa vida seja a mais rica e agradável possível.

## O Avatar

Esta contemplação é uma tradição antiga que engaja o poder da sua imaginação. Um *avatar* é um grande mestre ou ser iluminado, como Cristo ou Buda. Nessa contemplação você se imagina na presença de qualquer grande ser de sua escolha. Você contempla o estado interior e a luz, o amor ou a sabedoria que emanam desse ser. Pode se concentrar em qualquer qualidade particular que prefira. Você se imagina em sua companhia, caminhando, conversando com essa pessoa, absorvendo constantemente sua presença. O nível mais profundo dessa contemplação é quando você imagina que é esse ser – que aquele estado de consciência perfeita foi transferido para você.

Essa é uma contemplação muito poderosa e gratificante e, ao mesmo tempo, acessível e fácil para qualquer um. Em um dado momento, a sua imaginação causa tamanho impacto que desencadeia um processo espontâneo de autoiluminação e você começa a vivenciar um estado de consciência mais elevado e amoroso. Quando feito por um bom período de tempo, essa contemplação assume uma vida própria, trazendo resultados incríveis.

## Hui Gan

Em nossa era moderna, temos a tendência de focar muito no futuro. *Hui gan* é uma linda contemplação que envolve refletir deliberadamente sobre a doçura de um evento passado. Você pode trazer de volta uma lembrança de um tempo quando se sentiu verdadeiramente feliz, ou em paz, ou profundamente apaixonado. Se você teve a sorte de vivenciar um estado de consciência superior, pode ser muito bom escolher essa experiência como *hui gan*. Depois, tudo o que você faz é saborear a memória, como se estivesse regando uma planta querida. Você deixa a memória fluir por você, nutrindo-se com ela. Às vezes, um tom de tristeza também pode vir junto com essas memórias, e você também pode acolher isso com todo seu ser. Feita por um longo período de tempo, a contemplação *hui gan* pode fazer você se abrir para a doce impermanência da vida. Outro aspecto dessa contemplação é que ela traz o passado para o presente, encorajando-nos a abraçar um estado de atemporalidade. *Hui gan* também pode ser feita em uma conversa com um amigo ou grupo de amigos enquanto vocês evocam um momento de alegria e risadas que passaram juntos.

## Contemplação e Doença

A doença é uma parte natural da vida. Existem muitos tipos de doenças, mas todas oferecem uma abertura para o estado contemplativo. A doença nos leva mais fundo na consciência do nosso corpo, pelo desconforto e pela dor que somos forçados a encarar. A doença nos faz recordar da nossa mortalidade, então a nossa contemplação poderá se sentir naturalmente atraída para o tema da morte. Não sabemos como vamos morrer, mas existe a possibilidade de que possa envolver alguma dor física e, com certeza, exigirá a dissolução do nosso apego ao corpo. Portanto, podemos confiar na doença em um nível muito profundo. Quer nos rendamos à ela ou lutemos contra a situação, a doença nos convida a contemplar a nossa própria morte e abrir o nosso coração para abraçar o grande mistério da existência. Tente ver a doença como uma oportunidade para deixar de lado alguns dos medos profundos guardados no seu corpo e confiar que ela irá lhe oferecer um aprendizado único. Esse também é o caso quando você está cuidando de alguém doente. Cuidar de uma pessoa doente vem com seus próprios desafios e ensinamentos. Essa é uma grande oportunidade para demonstrar a infinita paciência e bondade do estado contemplativo. Além de ser um lembrete para ser bondoso e ter compaixão com você mesmo.

## Contemplação do Perdão

Na vida, passamos por muitos altos e baixos emocionais. Às vezes, fazemos coisas que machucam as pessoas, consciente ou inconscientemente, e, às vezes, somos injustiçados ou desonrados de alguma forma por outras pessoas. Você só pode entrar na beleza completa do estado contemplativo quando não esconder mais nenhum ressentimento ou vergonha. Cada pontada de culpa ou acusação reprimida joga lama no nosso tranquilo lago interior. Se você abrigar sentimentos não resolvidos do passado, boa parte da sua jornada contemplativa será deixá-los ir. Esse é geralmente um processo suave que pode levar um tempo considerável. Dependendo da profundidade das suas feridas, também pode ser bom procurar alguma ajuda profissional a esse respeito.

Perdão, seja a si mesmo ou ao outro, é sobre se liberar de uma série de ganchos energéticos que ligam você a uma determinada pessoa ou evento do passado. Uma abordagem contemplativa é fechar os olhos e localizar esses ganchos dentro de si. Em seguida, usando a sua respiração, respire em cada um e deixe-o ir. Se havia outra pessoa envolvida, você também pode tentar vê-la sob uma nova perspectiva. Imagine-a quando criança, e veja a terrível sensação de isolamento que ela pode ter sentido em algum momento. Mesmo os traços de personalidade mais agressivos ou desalmados estão enraizados em certos eventos trágicos na vida de uma criança. Quanto mais você puder entender os outros usando o poder da sua imaginação, mais compaixão será capaz de sentir. Com o tempo, isso vai ajudar você a deixá-los ir.

Ao refinar a Arte da Contemplação, você vai perceber que não existem erros na vida. Cada evento é uma pedra de amolar para você afiar ainda mais a lâmina da sua sabedoria mundana. Estamos aqui para aprender com nossos erros e encontrar o perdão interior para seguir em frente e ser uma pessoa melhor.

## Contemplação da Natureza

Viver perto da natureza propicia as melhores condições para a prática contemplativa. Mesmo em um ambiente urbano, você sempre pode encontrar maneiras de se conectar com a natureza regularmente. A natureza nos conecta à fonte do ser, à imensidão bruta e intocada do estado contemplativo. Qualquer coisa no mundo natural pode ser um convite à contemplação. Sente-se perto de um lago, sem nenhum motivo ou intenção, e logo sentirá uma calma natural envolvendo todo o seu ser. Observar o fluir de um rio pode suavizar todos os seus pensamentos e esclarecer seus sentimentos. Nadar ou passar um tempo pelo oceano pode expandir seus horizontes e trazer uma nova perspectiva para sua vida. Quanto mais alto subimos nas montanhas, mais rarefeitos nossos pensamentos se tornam, e quanto mais fundo entramos nas florestas, mais calmos e centrados nos sentimos. Para cada dificuldade na vida, existe um antídoto natural, e geralmente ele está bem debaixo dos nossos pés.

Outras formas de acessar o campo de contemplação pelo mundo natural são o manuseio de insumos naturais, a jardinagem ou estar com os animais. Passar um tempo na companhia de um gato ronronando de puro contentamento, ou brincando com um cachorro delirante, pode ser um lembrete físico e cinestésico da natureza descontraída do estado contemplativo.

Às vezes, a natureza nos convida a outros níveis de contemplação, quando ela está muito longe de ser calma, por exemplo, e nos surpreende com tempestades e outros climas extremos. Nessas horas, você pode recuar para dentro de casa e levar a contemplação ainda mais fundo no seu íntimo, ou você pode desafiar a lógica e sair em direção aos elementos para vivenciá-los em seu estado bruto e selvagem. Essa última abordagem pode levar a um estado aguçado de euforia que se transforma em uma paz abençoada quando você retorna para dentro de casa. Deixe os elementos brincarem com o seu ser dessa forma, subindo e descendo nas ondas da mudança, e a sua contemplação será como uma sinfonia musical que se adapta e se delicia com o clima e suas muitas faces mutáveis.

## Contemplação de Árvores

Nós vivemos cercados por árvores. Embora existam áreas desprovidas de árvores, muitas vezes é um grande desafio viver por um longo período nesses lugares, já que elas são grandes portadoras de vida. Muitos de nós desenvolvem uma afinidade natural por uma árvore em particular, e não existe nada mais icônico sobre a contemplação do que uma pessoa sentada aos pés de uma árvore. Onde quer que você more ou para onde viaje no mundo, deixe as árvores ao seu redor serem suas aliadas contemplativas. Cada uma delas é uma lembrança para parar e respirar. Mesmo que não possa fazer uma pausa física enquanto passa por uma árvore, deixe que ela crie uma pausa no seu pensamento. Se tiver tempo, vá e fique em pé ou sente-se sob a copa de uma árvore cheia de vida e irá descobrir que a sombra acolhedora criada por ela é um convite perfeito para a contemplação. O poder da árvore como símbolo contemplativo é seu perfeito equilíbrio. Toda árvore tem raízes que mergulham profundamente na Terra, equilibradas por galhos que se estendem como braços em direção aos céus. Cada galho, ramo e raiz é parte de um impulso evolutivo que mantém um estado de equilíbrio dinâmico. Assim como as árvores, a nossa contemplação é ao mesmo tempo enraizada e estimulante.

## Contemplação Solar

O sol é um símbolo do ser humano em sua perfeição e um dos elementos mais poderosos de se contemplar. Ele é a pura expressão de doação absoluta, baseada em uma saúde radiante e plenitude equilibrada. O sol também representa a natureza eterna da consciência que nunca dorme ou morre. Os melhores momentos para contemplá-lo são ao amanhecer e ao cair da tarde, quando seus raios estão mais suaves. No entanto, você pode contemplar o sol a qualquer hora do dia, ou mesmo à noite. No decorrer do seu dia, desfrute dos raios de sol, pause para sentir o calor no seu rosto e respirar a luz nos seus ossos. Quanto mais você fizer esse exercício, mais radiante e positivo irá se sentir. Imagine que cada célula do seu corpo é um pequeno sol que, juntas, formam um sol gigantesco. Mesmo quando ele estiver escondido, durante um dia nublado ou à noite, traga o sol de volta à sua percepção e sinta-o ardendo dentro de você, curando, suavizando e expandindo.

Se você tem uma propensão à melancolia ou depressão, ou se está passando por um período difícil na vida, não existe contemplação melhor do que essa. Com o tempo, ao contemplar o sol, você vai sentir uma luz interior crescendo dentro de você que começará a derreter esses sentimentos sombrios que todos nós carregamos. Existe todo um yoga do sol interior, e quando você assume o compromisso de fazer essa contemplação, esses ensinamentos irão se revelar naturalmente.

## Anoitecer

Certas contemplações que antes eram simplesmente parte da vida comum se tornaram necessárias nos dias de hoje. De fato, para aqueles em culturas menos prósperas e pouco desenvolvidas tecnologicamente, elas continuam sendo padrões naturais em que a maioria nem presta atenção. Uma dessas contemplações diz respeito à passagem do dia para a noite, e a maneira como nos preparamos para dormir. Se você nunca se sentou só para ver o dia se transformando em noite, essa é uma prática mágica e poderosa altamente recomendada. No nosso mundo moderno, esse costuma ser um horário conturbado, então pode ser preciso reservar um tempo especial para isso.

O deslizar do dia para a noite é um espelho da maravilha da contemplação, assim como nossos pensamentos e sentimentos gradualmente se esvaziam na pureza do silêncio. Se você puder fazer essa contemplação ao ar livre na natureza, poderá notar as mudanças sutis no seu corpo à medida que certas vias químicas no seu cérebro se desligam em sintonia com o desaparecimento gradual da luz. Você poderá sentir também uma mudança de humor na natureza à medida que os sons e cheiros se tornam mais acentuados, e as criaturas noturnas começam a esvoaçar e farfalhar ao seu redor.

Para muitos de nós, a beleza da luz noturna muitas vezes se perde com a iluminação elétrica e o uso de telas digitais. A magia da luz de velas, do fogo, do luar e das estrelas brinca com nosso ser, suscitando a nossa natureza mais mística e expandindo nossas capacidades extrassensoriais mais sutis. Você pode agendar essa hora do dia antes de dormir como o melhor momento para contemplação e retornar às épocas mais simples honrando a hora do anoitecer.

Finalmente, você pode registrar o poder da contemplação profundamente na sua consciência, fazendo dela a última coisa antes de dormir. Sente-se lá na escuridão por alguns minutos, deixe que o dia e suas preocupações se dissolvam. Abra-se para o grande mistério do desconhecido e entre na quietude da noite com o espírito tranquilo. Isso também garante que, ao acordar na manhã seguinte, você irá se lembrar instantaneamente da Arte da Contemplação.

## Éden

Essa contemplação é uma jornada imaginária que possui dentro dela uma poderosa verdade. Quando você deixa que o seu coração o leve até ela, poderá se descobrir embalado em um estado de consciência atemporal que inunda todo o seu ser.

Uma vez, há muito tempo atrás, os seres humanos habitavam um mundo muito mais simples, pois estávamos mais integrados com a natureza. Nossos cérebros funcionavam de forma diferente, nossas prioridades eram outras e embora o mundo fosse árduo às vezes, ele era pouco povoado e bem mais silencioso. O tempo se movia de maneira diferente, compartilhávamos uma consciência mais tribal que proporcionava calor, conforto e apoio enquanto vivíamos e trabalhávamos juntos para nos alimentar e cuidar uns dos outros. Nessa contemplação, damos vida a essa memória ancestral de uma época mais simples guardada no nosso DNA. Você pode usar a sua imaginação para reacender as canções, aromas e visões dessa época inicial da humanidade. Preste bastante atenção ao silêncio e à quietude que cobriam a Terra durante esse tempo do nosso passado. Essa é a primeira parte dessa contemplação.

O segundo aspecto dela é projetar a sua mente para frente no tempo, lá para o final. Procure se sintonizar à certeza celular do nosso futuro como uma época de harmonia, paz e realização absoluta. Não precisamos saber como o milagre vai acontecer, ele já está gravado no nosso DNA. Viemos do Éden, e a ele voltaremos, assim como atestam todas as nossas histórias e mitos. Talvez a nossa tecnologia finalmente nos liberte dos perigos da guerra e do medo. Talvez cheguemos a romper as amarras limitantes do tempo e do espaço e possamos assumir o nosso lugar de direito como um ser humano universal. Permita-se sonhar com essa época, em que a consciência humana evoluiu totalmente a ponto de conhecer a sua própria unidade com todos os seres. De fato, se for ousado o suficiente, veja a si mesmo e a humanidade como se habitassem um corpo eterno, individual, mas interconectado, purificado de todas as feridas e cisões, mais uma vez inteiro.

Trace a conexão mítica entre o nosso início e o nosso fim enquanto interpretamos o maior conto de todos, do "Era uma vez" ao "...e viveram felizes para sempre". Sinta a alegria e o riso nascendo dentro de você e deixe essa luz preencher as suas células. Você é parte de um espírito eterno que nunca morre. A sua vida é apenas uma frase nesse grande enredo, então faça o que puder para que a sua narrativa seja a mais graciosa possível, repleta de perdão, amor e propósito.

## 17.000 Respirações

Em um único dia, você provavelmente respira no mínimo 17.000 vezes. Você pode respirar até 30.000 vezes ou mais. De quantas dessas respirações você está ciente? De um modo geral, o número de respirações que você faz está relacionado ao seu grau de relaxamento e percepção. Respirações mais longas e profundas acalmam a mente, as emoções e o corpo. Essa prática contemplativa é simplesmente sobre levar a sua atenção para a respiração. Quanto mais você pausar e se conscientizar da sua respiração, mais paz e equilíbrio irá sentir. Veja quantas vezes você consegue se lembrar de fazer uma pausa. Perceba a relação entre pausar, respirar e seu estado geral ao longo do dia. Estabeleça o objetivo de fazer todo dia algumas respirações mais longas e profundas. Contemple como seria o seu dia se você estivesse ciente de cada respiração feita.

## Contemplação da Chama Trina

A contemplação da Chama Trina é uma técnica de pausa muito simples e poderosa que envolve pausar por três minutos a cada três horas. Você pode programar seu telefone ou outro dispositivo para lembrar de pausar e entrar no campo de contemplação às 3, 6, 9 e 12 horas todos os dias, enquanto houver luz do dia. O suave ritmo circadiano desse processo logo começa a impregnar a sua vida diária e, depois de várias semanas, você poderá descobrir que está se sintonizando a essa contemplação em um nível mais profundo e inconsciente. O que quer que esteja fazendo nesses momentos, a Chama Trina convida você a passar esses três minutos em um estado de espírito contemplativo. Se puder pausar fisicamente o que estiver fazendo, faça isso. Se, no entanto, você não puder fazer uma pausa física, ao menos continue o que estiver fazendo elevando o seu grau de autopercepção.

Embora simples, a contemplação da Chama Trina possui muitas dimensões. Ela traz ativamente o estado contemplativo para alguns dos momentos mais movimentados do seu dia, o que pode ser uma experiência transformadora. Ao mesmo tempo, essa contemplação o conecta ao crescente movimento global de pessoas que também estão aprendendo a Arte da Contemplação.

## Contemplação da Filantropia

Embora seja a última contemplação do livro, esta talvez tenha a capacidade de transformar a sua vida da maneira mais poderosa de todas. Muitos de nós vivemos vidas tão ocupadas que geralmente não nos permitimos muito tempo para refletir sobre como impactamos a vida dos outros. Nessa contemplação, você está convidado a imaginar o seu próprio funeral. Expanda a sua visão e imagine como seria a plenitude máxima da sua vida. Ouça o que as pessoas dizem sobre você, tanto publicamente quanto em particular. Flutue pela cena e olhe nos olhos de cada uma delas, sinta seus corações se abrindo e veja a magnífica influência que você teve sobre elas. Imagine a sua vida como uma explosão de doação altruísta de um coração transbordante. Em seguida, rastreie os acontecimentos que levaram a essa grande celebração da capacidade de amor de uma pessoa. Veja as muitas decisões corajosas que você teve que tomar ao longo da sua trajetória – aqueles momentos cruciais quando pegou a estrada menos percorrida. Veja todos os outros seres que você influenciou para sempre sem saber. Observe como a vida de uma pessoa pode se tornar uma bela floração, não importa quanto ela possa ser simples ou humilde.

O segundo aspecto desta contemplação é refletir sobre como você pode começar ou continuar uma vida dessas a partir deste momento. Qual é a primeira decisão que precisa tomar? Dê a si mesmo um bom tempo e contemple profunda e cuidadosamente antes de tomar qualquer atitude. Essa contemplação pode levar semanas ou até meses.

Filantropia é sobre servir os outros a partir de um coração transbordante. Mesmo que você não sinta esse tipo de amor agora, cada pequeno gesto pode ser o gatilho para uma delicada expansão. Como em toda prática contemplativa, comece suavemente e cuide de si mesmo à medida que avança. Não se trata de exaurir seus próprios recursos. É preciso muita paciência para aprender a amar e se doar de maneira equilibrada, mas as recompensas de uma vida assim são mais vastas do que podemos imaginar. Ouse sair um pouco da sua zona de conforto e veja um sorriso se abrindo em outro rosto em algum lugar do mundo.

# EPÍLOGO

Acredito que qualquer um pode aprender a Arte da Contemplação.

Eu aprendi a Arte da Contemplação por necessidade, para me ajudar a lidar com os muitos desafios de ser pai. Um dia percebi que tinha perdido toda a sensação de calma. Eu me deixei sobrecarregar com o aumento repentino das minhas responsabilidades. Senti que tinha perdido toda a minha liberdade juvenil e não conseguia vislumbrar nenhum caminho claro para encontrá-la novamente. Eu me sentia preso, isolado e perdido.

Então, um dia, enquanto visitava uma amiga, fiquei fascinado com uma pintura na parede da casa dela. Era uma simples imagem de uma gaivota solitária voando sobre um mar de azul. Essa pintura tocou algo no fundo da minha alma. Eu não conseguia parar de pensar nela. O pássaro parecia tão silencioso, puro e livre naquele céu impecável. Sempre que eu pensava na imagem, começava a me sentir como aquele pássaro. Era como se a pintura tivesse lançado um feitiço ou magia sobre mim. Eu só precisava recordar a imagem na minha mente e, no mesmo instante, era inundado por um sentimento de profunda calma e liberdade ilimitada.

Ao longo dos meses que seguiram a esse encontro, voltei várias vezes à imagem da gaivota. Sempre que eu pensava nela, todo meu ser pausava, e por um curto período de tempo eu me desprendia do mundo exterior e suas distrações. Também aprendi a evocar a imagem durante conflitos ou momentos difíceis, o que apresentou resultados surpreendentes. Eu vivenciei o poder de pivotar, a capacidade de transformar uma situação difícil em uma bênção. Nos meus relacionamentos, tudo mudou – em vez de me contrair diante de um conflito, eu me ensinei a permanecer brando e a manter meu coração aberto. E continuo a aprender essa lição até hoje.

Com o tempo, eu me esqueci completamente da gaivota. A lembrança dela só voltou a mim hoje, quando me sentei para escrever estas palavras. Para mim, essa imagem era uma entrada para a contemplação, e uma vez que eu sabia como encontrar a porta, a imagem em si já não era mais necessária. Desde então, tenho encontrado vários outros caminhos para o estado contemplativo.

Levei muitos anos para aprender a Arte da Contemplação, mas ela é a maior e mais útil de todas as artes que já aprendi. Espero que este simples ensinamento possa ajudar você a encontrar as suas próprias portas para o estado contemplativo. Esse estado é algo que o nosso mundo precisa recordar mais do que nunca.

A Arte da Contemplação é para o ser humano o que o ar é para o pássaro – liberdade, propósito e paz.

Richard Rudd

Se você gostou deste livro e se sentiu atraído por sua ideia central, você também pode desfrutar do meu outro livro *Chaves-Gene*. As Chaves-Gene são uma grande síntese de sabedoria eterna compilada ao longo de várias décadas. Embora de origem mística, elas também são uma poderosa ferramenta psicológica que tem provado causar um grande impacto transformador na vida das pessoas. As Chaves-Gene fornecem um dos vários caminhos que levam a uma profunda contemplação, tanto pela riqueza de sua linguagem quanto pela profundidade extraordinária de seu conteúdo.

Richard Rudd

Para saber mais sobre as Chaves-Gene e o trabalho de Richard Rudd na língua portuguesa, acesse **www.chavesgene.com**;

Ou visite **www.genekeys.com** para ter acesso ao conteúdo original em inglês.

chavesgene.com

- **THE GENE KEYS:**
Embracing your higher purpose

- **THE 64 WAYS:**
Personal contemplations on the Gene Keys

- **THE ART OF CONTEMPLATION:**
Gentle path to wholeness and prosperity

- **THE GENE KEYS GOLDEN PATH - GENIUS:**
A guide to your Activation Sequence

- **THE GENE KEYS GOLDEN PATH - LOVE:**
A guide to your Venus Sequence

- **THE GENE KEYS GOLDEN PATH - PROSPERITY:**
A guide to your Pearl Sequence

- **THE GENE KEYS GOLDEN PATH - HARMONY:**
A guide to your Star Pearl

- **THE SEVEN SACRED SEALS:**
Portals to Grace

- **FRAGMENTS OF LIGHT:**
Insights, Breakthroughs & Epiphanies

- **DARE TO BE DIVINE:**
A journey into the miraculous

- **THE SPRING OF DREAMS:**
Selected Poetry and Prayers

- **HUMAN DESIGN - CIRCUITRY:**
The complete guide to Circuits, Channels and Gates

- **HUMAN DESIGN - THE REVELATION:**
A guide to basic Concepts, Centres, Types and Definition

# Livros de Richard Rudd em Português

## Em breve...

chavesgene.com/livros